ぶらりあるき
バンコクの博物館

Bangkok

Museum

中村　浩
Hiroshi Nakamura

芙蓉書房出版

豪華な天井
（バンコク国立博物館）

バンコク国立博物館

王宮内の建物

チャクリー・マハー・プラーサート宮殿

ウィマーンメーク宮殿

アナンタ・サマーコム宮殿

王室御座船博物館

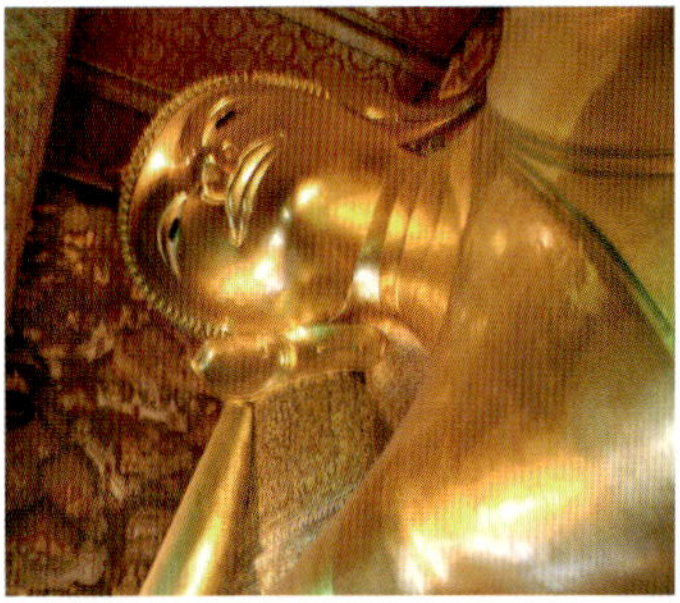

ワット・ポーの黄金仏

ワット・トライミットの黄金仏

ワット・アルン

サナーム・チャン宮殿（ナコン・パトム）

チャンタラカセーム国立博物館
（アユタヤ）

バン・パイン離宮（アユタヤ）

ワット・マハタート（アユタヤ）

ワット・ロカヤ・スタの涅槃仏（アユタヤ）

ワット・プラ・シー・サンペット
（アユタヤ）

ワット・チャイ・ワタナラーム
（アユタヤ）

まえがき

東南アジアの中でも最も日本とかかわりが濃い国がタイといっても過言ではないでしょう。「微笑みの国」とも称され、街角で出会う人々は常に笑顔のようにも見えます。人間は、笑顔でいるときの表情が最も人に与える印象が素晴らしいのかもしれません。

本書は、タイ王国の首都バンコクの博物館を中心に紹介します。バンコクは、王宮を中心に数多くの寺院がチャオプラヤ川の沿岸地域に位置しています。国民の大半が仏教徒というお国柄は、その仏教の性格云々はともかくとして、同じく仏教文化に恵まれた歴史を有する我が国とも共通するものです。

バンコクは、王宮のある王宮地区、近代的なショッピングセンターなどが立ち並ぶサイアム・スクエア地区、ビジネスの中心地区であるシーロム通り地区、インド人街、アラブ人街、さらに駐在日本人の住むスクンピット通り地区、チャイナタウン地区、ドウシット地区に区分することができます。

またバンコク市街地から、少し郊外にまで足を延ばしてみました。世界遺産に登録されているアユタヤ地域、「戦場に架ける橋」のモデルともなったカンチャナブリ地区をはじめ、パタヤ、ナコン・パトムなどをたずねました。これらの地域はバンコクから数時間以内で行ける地域です。交通渋滞が頻繁なバンコクを出てみるのも、気分転換にはよいでしょう。ただし帰りの交通渋滞は覚悟していくことをお忘れなく。

中村　浩

二〇一二年八月

ぶらりあるき バンコクの博物館●目次

美術・工芸・芸術　に関する博物館

寺院・宗教　に関する博物館

動物・植物　に関する博物館

戦争・武器・武具　に関する博物館

科学・自然科学　に関する博物館

バンコク郊外の博物館

◎アユタヤ

◎パタヤ

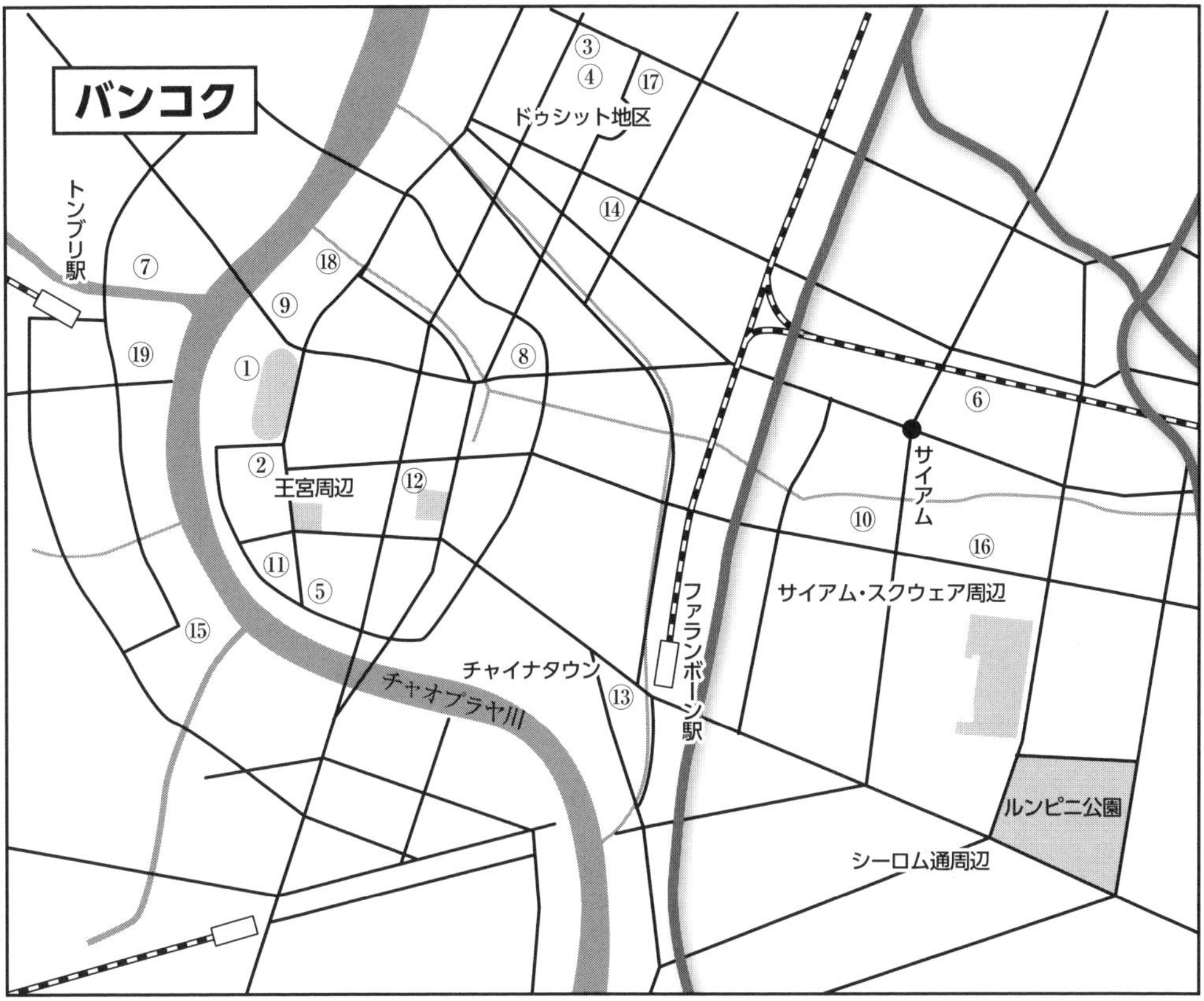

①バンコク国立博物館
②王　宮（ワット・プラケオ、エメラルド寺院博物館、プラ・マハー・モンティエン建物群、チャクリー・マハー・プラーサート宮殿、ドゥシィット・マハー・プラーサート宮殿、タイ王家紋章と貨幣博物館）
③ウィマーンメーク宮殿（ラーマ五世博物館）
④アナンタ・サマーコム宮殿
⑤ミュージアム・サヤーム（発見博物館）
⑥スアン・パッカード宮殿博物館
⑦王室御座船博物館
⑧プラチャーティポック王（ラーマ七世）博物館
⑨国立美術館
⑩ジム・トンプソンの家
⑪ワット・ポー
⑫ワット・スタット
⑬ワット・トライミット
⑭ワット・ベンチャマボピット（大理石寺院）
⑮ワット・アルン（暁の寺）
⑯サヤーム・オーシャンワールド
⑰ドウシット動物園
⑱プラ・スメーン砦
⑲シリラート病院（法医学博物館、寄生虫博物館、病理学博物館、タイ薬学史博物館、解剖学博物館、人類学（先史）博物館）

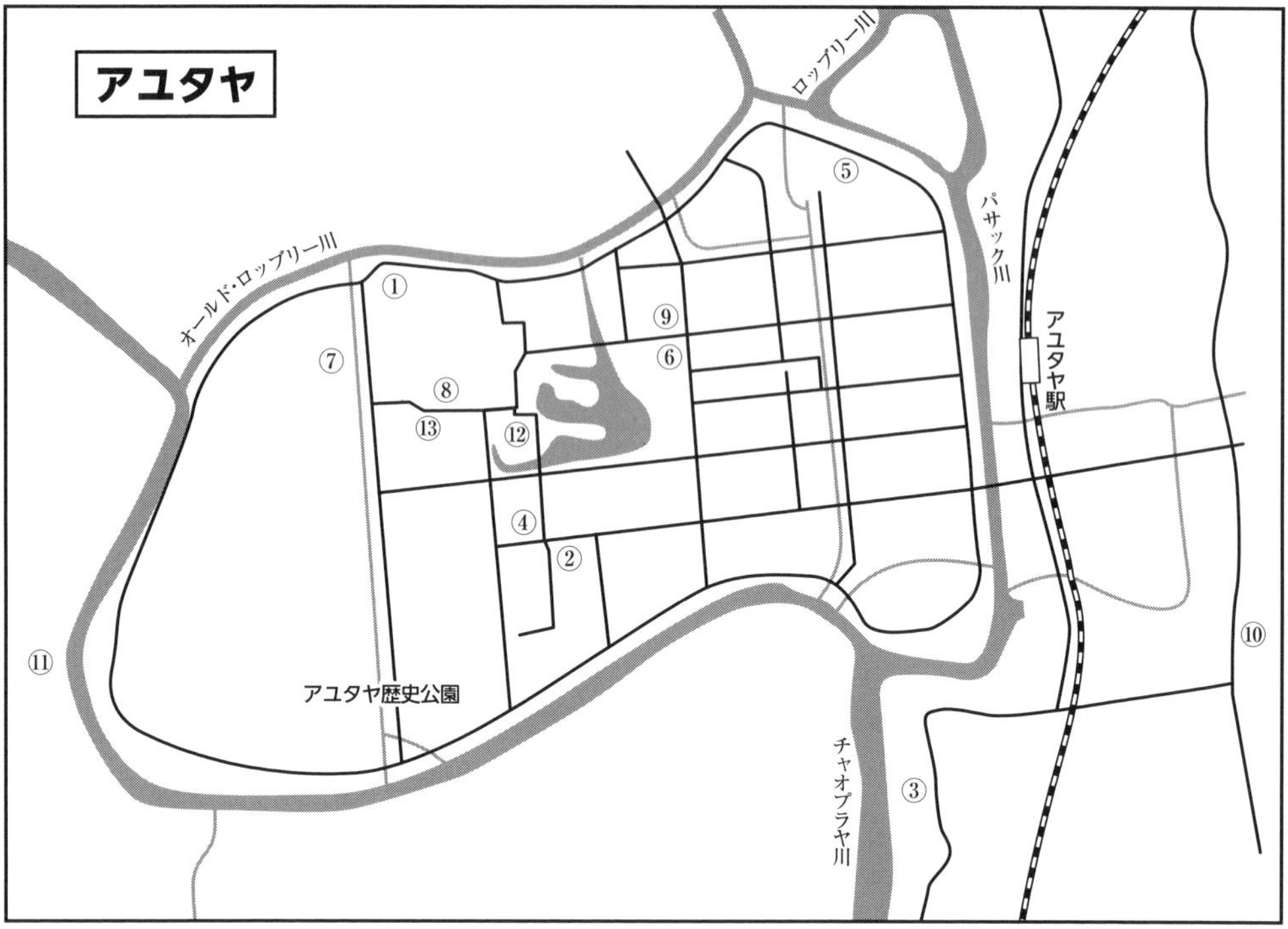

①王宮跡
②アユタヤ歴史研究センター
③日本人町跡
④チャオ・サン・プラーヤ国立博物館
⑤チャンタラカセーム国立博物館
⑥ワット・マハタート
⑦ワット・ロカヤ・スタ
⑧ワット・プラ・シー・サンペット
⑨ワット・ラーチャブラナ
⑩ワット・ヤイ・チャイ・モンコン
⑪ワット・チャイ・ワタナラーム
⑫ワット・プラ・ラーム
⑬ワット・プラ・モンコンボービット

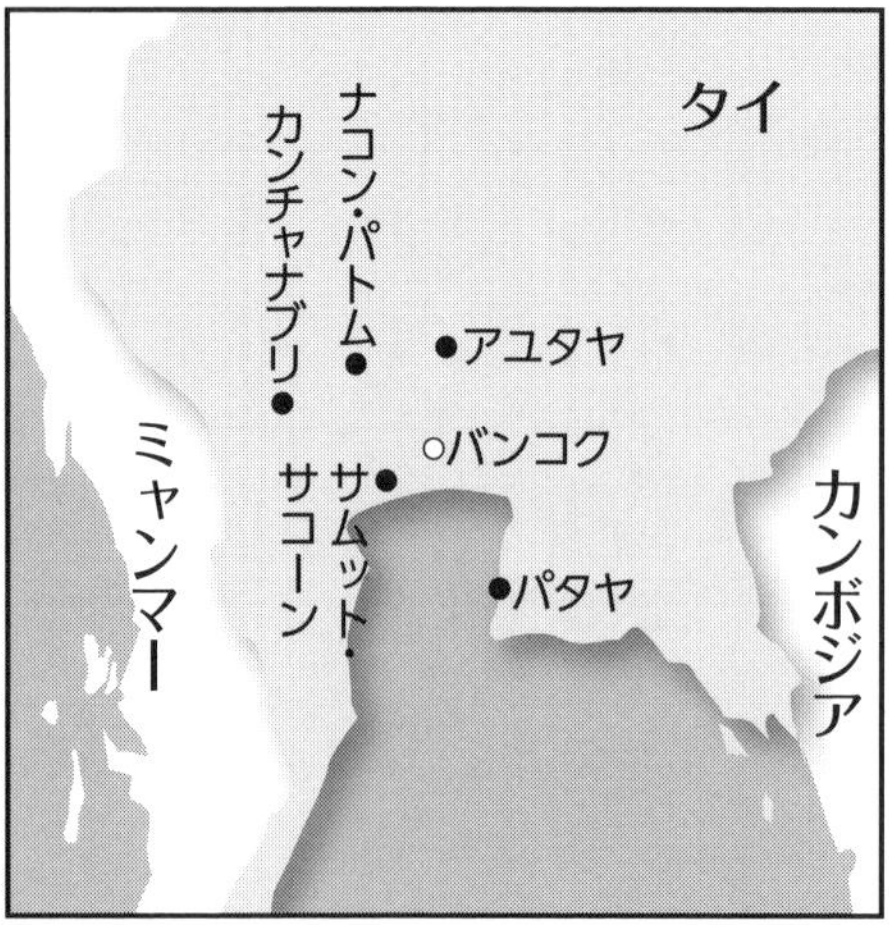

バンコクの博物館

タイ王国の首都として発展著しい都市です。市内には王宮をはじめとして多数の寺院が軒を並べており、仏教国にふさわしいたたずまいを見せています。また、世界的にもよく知られているバンコクの市街地の朝夕の車の渋滞はあいかわらずです。

二〇一一年には、チャオプラヤ川の氾濫によって沿岸地域が浸水し多大な被害を出したことは記憶に新しいところです。しかし、随所に痕跡は残されてはいるものの、二〇一二年四月現在、かつての活力ある市街地に戻っています。タイ暦の元旦を祝うソン・クラーンの特徴でもある水のかけ合いでは大人も子どもも我を忘れて興じています。

博物館施設には、伝統的な産業に関する博物館、民俗・民俗資料の博物館、王宮や寺院に付属する博物館、科学技術に関する施設、動物（魚類を含む）や植物に関する館園など、さすがに東南アジアを代表する都市ならではの多種多様な施設があります。

歴史・民族に関する博物館

タイは、アジア諸国の中で日本と共にヨーロッパ列強の植民地とならなかった国で、王室への崇敬の念が強い国です。歴史をたどると、必ず王室との関連があり、決してその歴史を除外しては語れません。タイ国内には、バンコク国立博物館を中心として総数四四の国立博物館があります。

かつての王宮を利用したものや、寺院に設置された僧院博物館などさまざまな形態のものがありますが、バンコク国立博物館が最も大きく、そのほかにはあまり大規模なものは見られません。それぞれの地域の特性を生かしたものが多く、世界遺産に登録されているバンチャンやアユタヤにも国立博物館が設置されています。展示内容も多岐にわたっており、農業や陶磁器などの生産に関係するものや王族の至宝など多種多様なものがあります。

✽バンコク国立博物館　Bangkok National Museum

一八七四年、ラーマ五世チュラーロンコーン王が、王宮内に展示施設を設置したのが、タイにおける公立博物館の最初でした。一八八七年には、王命によって展示品のすべてが、王の弟であり副王であったラーマ五世のワンナー宮殿に移されました。その後、副王制度が廃止されたので、ラーマ七世プラチャーティポック王は、それまで居住用に使っていた建物すべてを博物館として使用することを許可しました。やがて一九二六年から、この博物館はバンコク国立博物館と呼ばれるようになりました。

バンコク国立博物館

やがて新しく二階建ての建物を加え、各時代の展示が可能となり、一九六七年五月二五日に新しい展示館が開館し、さらに一九八二年四月二二日、バンコク王朝二〇〇年祭を記念して歴史館が開館しました。

この博物館には土器や陶器、さらに豪華な装飾で知られるベンジャロン焼などの容器類をはじめ一〇〇〇点以上の収蔵品があります。

まず、入場券売り場に隣接する歴史館から見ていきましょう。

ここでは、タイの先史時代からの歴史が、実物、ジオラマ、写真パネルなどでわかりやすく展示されています。とくに目を引くのは金銀製品です。小さな獅子の彫像、八角形の蓋を伴う小物入れ、つまみのついた蓋を伴う椀、やや大型の鉢などで、その表面には細かな文様が施されています。このほか地球儀、蒸気機関車と貨車、客車の模型、七宝焼きの宝塔などがあります。またジオラマによって、かつての部族間の武力抗争の戦場の様子や、象に乗って戦った様子などが描かれたパネルの展示もあります。

歴史館を出ると右手に、大きく豪華な装飾を伴った立派なブッダイサワン仏殿があります。博物館にこのような礼拝施設の仏殿があるのは珍しいかもしれませんが、ここがかつての宮殿であったことを考えると、うなずけるでしょう。仏殿の正面入口には四体の石像が守護しています。堂内へは靴を脱いで入ることができます。仏殿の左手の外側テラス部分には、青銅の鐘と数門の大砲が整然と置かれています。

タムナクデーン（赤い家）

ブッダイサワン仏殿と通路を挟んで赤茶色に塗られた建物があります。この建物は、赤茶色のチーク材で造られた伝統的な様式の木造平屋建てで、タムナクデーン（赤い家または赤い館）と呼ばれています。この建物は、ラーマ一世の姉のスイースダーラック王女の住居として使われていました。その後ラーマ二世の死後、スイースリエーン王妃のために、バンコクからトンブリーの旧宮殿に移されました。後に王妃の息子ピンタラーオ王子がラーマ四世の副王になり、昔住んだこの家をワンナー宮殿に移築させました。その後、宮殿が博物館とされ、移築されたこの建物も公開されるようになりました。ここには、スイースリエーン王妃の使用した寝台（一八世紀後期）やバンコク時代初期の調度品、家具などが展示されています。

赤い家を通り過ぎてまもなく、右手に博物館本館が見えてきます。正面の扉には黒漆に金箔を施した樹木と鳥をアレンジした文様が描かれています。ここには玉座が中央に置かれています。またこの場所は特別展示の催し会場となることもあります。

博物館本館正面の扉

続いて、博物館の建物群の中では最も規模が大きく、一部二階建ての建物があります。一階展示室正面には、王・王族などの乗用に供された輿《こし》や馬車などが集められ、右手にはガムランなどの音楽演奏に用いる楽器類と伝統的な織物が展示されています。

左手の展示室には、演劇に使用される伎楽面のような面や、人形劇で使われる大小さまざまなあやつり人形、影絵人形劇用の切り抜きの影絵などがあります。また、碁盤のような形をしたゲームに使用される遊具などが置かれています。

展示室の中央へ戻りましょう。靴を脱いでやや急な階段を上ると、王位の象徴の品々が置かれています。

一方、右手一階には儀礼用の衣装類、二階には仏教儀式に用いられた仏具をはじめとするさまざまな金属製品などが展示され、左手二階には実に立派な象牙が両側から輪をなすように飾られており、その周囲には、象牙に精巧な彫刻が施されたものや、象牙を加工した作品が展示されています。

一階奥中央には古い武器類、右手には石碑、左手は陶磁器、象嵌《ぞうがん》、螺《ら》鈿《でん》細工の品々、奥には木材彫刻の作品などが、所狭しとばかりに展示されています。とくに陶磁器のコーナーでは、中国から輸入されたと見られる、三彩陶器の俑、染付の皿や壺や青磁の皿や鉢が集められています。タイ生産のスコタイ、クメール陶器もあります。クメール陶器には典型的な形の壺や象をかたちどった容器などがあります。

本館を出て右手（北側）の細長い建物の二階展示室は、アユタヤ、スコタイの美術品、仏像が集められています。この建物の一階奥展示室には切手や貨幣、ランナー美術の作品が置かれています

また、本館を挟んで反対（南）側の建物には、時代別に区分された仏教関係の美術品や出土品などが集められています。

タイは仏教国であり、仏教関連の作品が多く集められ、収蔵されています。仏像の材質は、石材、青銅、金銀、木製など多様ですが、お顔の表情や体つきなどで日本の仏像とは若干異なっています。また、クメール美術の作品（ロップリー美術）をはじめインドネシアなど周辺諸国の

仏　像

クメール陶器

彫刻も集められています。

かつてここが王宮の一つであったため、豪華な歴史的建物は実にたくさんあります。本館の左手にある儀式用建物サーラーは朱色と金色の調和が美しい、まさに豪華絢爛な建物です。儀式用サーラーの建物は三棟あり、それぞれに特徴があり、興味深い建物です。

王族の葬儀に用いられた儀式用の乗り物が集められた建物もあります。前後、左右にさまざまな彫刻が施され、金箔が貼られ黄金色に光り輝いています。王族の儀式用ではありませんが、なんとなく御座船の装飾と共通するところがあるようにも思えます。

王族の葬儀用の乗り物

このほかにも、ピンクラーオ副王の旧住居、中国の家、チャプラヤ・ヨムマラト記念館などの建物が残されています。このように、建物そのものに十分に魅力があるのですが、それ以上に収集されている展示品は素晴らしいものばかりで、タイ文化の粋を存分に味わうことができます。タイ全土に四四館ある国立博物館の中心的存在というにふさわしい魅力ある博物館です。

✻王　宮　Grand Palace

一九〇〇メートル四方の白い壁によって囲まれた面積二一万八〇〇〇平方メートルという広大な敷地の中に王宮があります。国王の宮殿や王室守護のエメラルド寺院をはじめ、宮内庁や官庁の建物が、この敷地内にあります。一七八二年、ラーマ一世のバンコク遷都によってここに王宮が建設されて以降、歴代の王によって宮殿の建設が繰り返されてきました。現国王のラーマ九世は、ドゥシット地区にあるチットラダー宮殿に住んでいるため、ここは国家の儀式や国賓の拝謁などの行事を行う場所として利用されています。

王宮内の代表的な建物を紹介しておきましょう。

✽エメラルド寺院（ワット・プラケオ） Wat Phra Kaeo

王宮内で初期の段階に建設されたプラ・マハー・モンティエン建物群の北側の門に連なっている王室守護寺院です。エメラルド仏は、緑色をした翡翠《ひすい》を彫刻して造られた仏像で、高さは六六センチ、幅は四八センチあります。この仏像は、金箔で覆われた木彫のタイ様式の須弥壇《しゅみだん》に安置されており、仏教国タイの本尊仏として最も崇められています。

北側のテラスには、ラーマ四世の命令で造られたアンコール・ワットの精巧な石製の模型が置かれています。西側には、仏舎利が納められている黄金の仏塔（チェディイ）がひときわ輝いています。

この寺院の回廊にはラーマキエン物語が描かれています。ラーマ一世の頃に壁画が描かれ、以後修復が繰り返されています。その物語と

王　宮

アンコール・ワットの模型

は、アユタヤ王国のラーマ王子の美しい妻、スイータ妃がロンカー王国のトッサカン王に誘惑され、その妃を助け出すため、ラーマ王子とトッサカン王の間で戦闘となり、最後にはトッサカン王が戦場で殺され、ラーマ王子が勝利するというものです。

二〇一〇年九月に訪れた時は修復工事が行われていましたが、二〇一二年四月、五月の訪問時には、その工事は完了し、まばゆいばかりに輝いていました。

✻プラ・マハー・モンティエン建物群

プラ・マハー・モンティエン建物群は、王宮内で初期の段階に建設されたものです。国王が謁見に使用する場所で、アマリン・ウイニッチャイ宮殿、パイサーン・タクスイン宮殿、チャクラパット・ピマーン宮殿から構成されています。

このうち、アマリン・ウイニッチャイ宮殿は、一七八五年にラーマ一世によって建てられたもので、正式な謁見の場所として、また国王の誕生日や国の重要な儀式が行われます。

パイサーン・タクスイン宮殿では、戴冠式が行われます。ここには、タイ国の守護神で国家の繁栄をもたらすと信じられているプラヤー・サイアム・テワーティラート神をまつる祭壇があります。

チャクラパット・ピマーン宮殿は、チャクリー王朝初期の三代王の宮殿です。即位後、国王が王宮を住居と定めた証拠として、王は少なくとも一晩、この宮殿で過ごすことが習慣となりました。なおホール左側が王の寝室、右側が接見の間で、現在は国王の宝器や装具の保管場所となっているそうです。

✽チャクリー・マハー・プラーサート宮殿
Chakri Maha Prasat Hall

チャクリー・マハー・プラーサート宮殿は、ラーマ五世（チュラーロンコーン大王）によって建設され、バンコク王朝一〇〇年祭に完成しました。現在ではレセプション・ホールとしてのみ使用されているそうです。宮殿は、中央の玉座のある公式の謁見の間とその両翼棟から構成されています。

謁見の間は、国王が各国大使に信任状を授与する際や、国賓の訪問に際して、公式の宴会を催す場所となるそうです。

チャクリー・マハー・プラーサート宮殿

✽ドゥシィット・マハー・プラーサート宮殿
Dusit Maha Prasat Hall

ドゥシィット・マハー・プラーサート宮殿

ラーマ一世が最初に建てた木造建築マハリンタラーピッチング・マハー・プラサートが、一七九〇年に火災によって失われたため、代わってドゥシィット・マハー・プラーサート宮殿が建てられました。建物は、平面的には十字形で、屋根は、四層になっており、中央にある尖った塔が、荘厳な印象を与えています。ラーマ一世はこの宮殿を、アユタヤ旧王宮のスリヤマリン玉座の間を模倣して造りました。やがてラーマ一世の遺体は茶毘《だび》に付される前に、ここに安置されました。

以後、国王や王妃、王族の遺体も同様にその習慣を続け、荼毘に付す前にはここに安置されます。また戴冠式の記念式典などもここで行われました。

✻ウィマーンメーク宮殿（ラーマ五世博物館）Wimanmek Mansion Palace

王宮のチケットとセットで販売されています。窓口では否応なしに両宮殿のチケットを渡されます。チケットには購入日から一週間は有効とありましたが、前回は有効期間内に訪問できなかったので、今回改めてこの宮殿を訪問しました。

この宮殿は、一八九一年に建てられた黄金のチーク材が使われた木造三層建て、一部四層（八角形部分のみ）の宮殿で、「雲の上の宮殿」とも呼ばれています。バンコク王朝のラーマ五世（チュラーロンコーン大王）時代のもので、華麗な宮廷生活を偲ばせます。この宮殿は王妃や王女たちが住まうために建てられたのですが、王自身も六年間ここに住まわれました。

ラーマ五世在世時代のタイは、近代化への転換期にあたっていました。ヨーロッパ諸国との友好関係の樹立や、西洋化を推進するなど、ラーマ五世は多くの業績を残しました。

現在内部は博物館として公開されています。ピアノなど楽器演奏を楽しまれた部屋や、家族が団らんした部屋、食事をした部屋、賓客を交え

ウィマーンメーク宮殿

て晩餐をとった部屋などがあります。王室の調度品や装身具、食器や儀礼用器具など、銀製品や象牙製品などの財宝が、かつて使用されていた状態で展示公開されています。またラーマ五世が写真家として知られていたこともあって、その作品群が展示された部屋もあります。

この宮殿の見学は入口で厳しいチェックがあり、カメラなどの金属製品はすべてロッカーにいれなければなりません。ちなみにコインロッカー使用料は二〇バーツです。内部へは靴を脱いで上がりますが、ロープによる進路規制があちこちにあり、解説文や案内文も見られず、十分な見学ができるとは言えない状態でした。本来はガイドツアーでのみ見学が許されるとのことですが、そのガイドツアーも限られています。単独でじっくり見学するにはよほどの予習が必要でしょう。

しかし、各部屋の調度品や展示品からは、かつての宮廷生活の優雅な様子や豪華さは十分に感じ取ることはできます。なお敷地内には、ほかにも西洋式の建物が点在していますが、標準的なツアーの行程には入っていないようなので、それらの見学を希望する方は、時間には余裕をもっていくようにしたほうがいいでしょう。

✻アナンタ・サマーコム宮殿
Anantha Samakhom Palace

この建物は一九〇七年、ラーマ五世によって着工されましたが、完成は一九一五年、ラーマ六世の時代でした。ここは、国家的な行事や賓客を迎えるための宮殿として建てられましたが、後に国会議事堂として使

アナンタ・サマーコム宮殿

用されます。やがて近接して新しい国会議事堂が建てられたことで、その役割を終えました。

この建物に使用された大理石はワット・ベンチャマボピットと同じイタリア産の大理石です。ヨーロッパ式のモダンな建物とルネサンス様式の庭園に囲まれており、その堂々たるたたずまいは、ここがバンコクであることを忘れさせるかのようです。

✽スアン・パッカード宮殿博物館　Suan Pakkad Palace

スアン・パッカード宮殿の名前の由来は、かつてこの地がキャベツ畑（キャベツはタイ語で「パッカード」）であったことに由来しています。当初、この宮殿は、ラーマ五世の孫にあたるチェムポット・バリパット・ナコーンサワン親王夫妻がバンコク市内に建築した御所でした。

親王夫妻は芸術文化に深い関心を寄せ、若い芸術家たちの強力な後援者でした。彼らのために使われる奨学金の基金獲得を目的として宮殿内に趣味で収集していた古美術品を一九五二年に一般公開したのが、博物館の始まりです。

宮殿内には、鉄筋コンクリート四階建てのチュムポット・パンティップ美術センターのほか、タイの伝統的な様式の木造建物五棟が集められ、それぞれの内部に古美術品が展示されています。

ガイド嬢が案内してくれますが、使用可能な言語は英語またはフランス語の二ヵ国語で、いずれかを選択することができます。残念ながら日

スアン・パッカード宮殿博物館

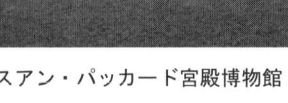

本語はありませんでした。また訪問者が自由に宮殿内部を見学することはできないようで、私たちには英語のツアーガイド嬢が先導してくれることになりました。

チケット・オフィスに続く近代的な建物の二階には、多くのケースが配置され、バンチャン期の所蔵品が展示されています。バンチャン土器は、茶色の素地に独特の曲線文様を朱色の釉薬で描いた彩文土器として世界的に知られています。バンチャン遺跡の発見と、それ以後の調査の歴史も見ることができますが、何よりも展示品の数の多さと質の高さには驚かされます。

次に東側の王家御座船（カオ・クン・パヤーム）の展示場に向かいます。ここには、チュンポット皇子の父の所有で、ラーマ五世の時代に王室行列で用いられた御座船が置かれていました。船室はチーク材で作られています。この船は、四人の漕ぎ手で操作するようになっていますが、底が浅く重心が高いことから、水上でバランスをとるのが大変だったのではないかと想像します。

スアン・パッカード宮殿博物館

南に隣接してラッカー・パビリオンの建物があります。この建物は、チェムポット女王五〇歳の誕生日を祝うため、一九五九年にアユタヤに近い寺院から移築されたものです。

タイの仏教寺院の風情を残した高床式の建物で、一七世紀のシャム文化を偲ばせる貴重な建物です。内部の壁面には、ラーマキエンというインドの叙事詩に題材を求めた物語が極彩色の壁画で描かれています。

コーン博物館と呼ばれる第五展示室にはバンチャン時代の遺物が集められ、一階には岩石、鉱石、化石の標本が展示されています。

第六展示室は、外観はタイの伝統的様式の建物ですが、内部の展示室には若干の改造が加えられています。ここにはスコタイ王朝時代の青銅器や中国宋、元、明から輸入された青磁、白磁、染付などの陶磁器、タイ国内で生産された陶磁器をはじめさまざまな伝統的工芸品などが展示されています。

第八展示室は、クリスタル・ガラス、銀器、陶・磁器などがあり、これらはパリパット親王、チュムポット親王のコレクションだそうです。

第四展示室は、宮殿の時代には客間とダイニングルームとして使われていました。ここにはアユタヤ朝後期の多くの仏像や絵画が置かれています。第三展示室には豊富な色彩で豪華に装飾が施されたベンジャロン焼の鉢、壺、皿などの製品が多数展示されています。これに続く第二展示室には、チュムポット女王の岩石鉱石のコレクション、さらに女王の使用した家具などを見ることができます。

入口右手にある第一展示室にはチュムポット親王の父であるパリパット親王ゆかりの楽器が並べられています。親王はタイを代表する音楽家の一人だったよう

★バンチャン土器★

世界的に知られている彩色土器のバンチャン土器を出土した遺跡は、タイ王国ウドーンターニー県にある世界遺産に登録されたバンチャン遺跡です。

1960年に偶然の機会に発見されましたが、まもなく盗掘によってこの遺跡は荒らされてしまいます。1967年から発掘調査が開始され、多くの遺物が出土しました。さらに1974年から1975年の調査では、土器の年代について本格的な科学調査のメスが入れられ、その結果、紀元前3600〜1200年頃と推定されています。バンチャン土器は、クリーム色の無彩色の焼き物ですが、地の上に幾何学の美しい朱色の文様を施す独特なものです。

バンコク国立博物館には、紀元前3600年〜1000年頃のバンチャン黒色土器と、紀元前300年〜200年頃の文字通り幾何学文様の美しいバンチャン土器、そしてほぼ同じ時代のビーズと腕輪が展示されています。しかしコレクションとしては、スアン・パッカード宮殿博物館のものの方が質、量ともにはるかにしのいでいるのではないかと感じました。

です。ここには大鼓、竹製シロホン、銅鑼《どら》、弦楽器が展示されています。

ここに紹介したほかにも多くの展示品があり、チュムポット親王の文化的関心の広さのみならず、その美的見識の高さを感じることができます。とくに国立博物館の展示とは一味ちがったバンチャン文化の展示品は必見でしょう。

✽ミュージアム・サヤーム（発見博物館）
Museum of Siam (National Discovery Museum Institute)

この施設は、タイの歴史や民俗の素晴らしさを再発見してもらうという趣旨で設立されました。タイ国民にタイの歴史について理解を深めてほしいという意図を強く感じます。従って他国の観光客に対しての解説はさほど親切、丁寧ではありません。

受付を入ると、変型スクリーンが設置されたギャラリー1「イメージ劇場」という部屋に通されました。ここではこの博物館がタイの歴史をどのように展示しているのかをイメージ映像で伝えています。見てすぐにわかる部分もありますが、一体これは何だと考えさせる部分も少なくはありませんでした。

ギャラリー2「タイの特徴」を通って三階に上ります。ギャラリー3は「スワンナプームとは」というテーマです。バンコクの玄関口の国際空港はスワンナプームといいますが、この言葉は「黄金の地」という意味だそうですが、「なぜ?」という問いかけがあり、次いで考古学の展示が始まります。原人から道具の発展、さらにゲーム感覚で遺物を探し出す発掘体験をし、興味を喚起するようになっています。

やがて農業社会の出現を経て、ギャラリー5では「仏教」がテーマになります。ギャラリー6は「アユタヤの発見」、ギャラリー7は「シャム」、ギャラリー9は「戦争」がテーマで二階になります。

ミュージアム・サヤーム（発見博物館）

ギャラリー10は「バンコクと新しいアユタヤ」、ギャラリー11は「田舎の村」、ギャラリー12は「変革」、ギャラリー13は「政治とコミュニケーション」、ギャラリー14は「タイと世界」、ギャラリー15は「今日のタイ」、ギャラリー16は「タイの将来」と進みます。

　このように、この博物館では原始時代から現代に至るタイの歴史を、実物あるいは詳細な復元ジオラマを用いて概説しています。アユタヤのコーナーでは、当時の貿易品や交易圏のパネル、港湾都市のジオラマが配置され、この時代のタイが国際貿易都市であったことを広く理解させようとしています。この時代の航海に使用された各国の帆船の模型も多数置かれています。

　アユタヤの展示に続いて戦争の場面になります。ビルマなどとの戦闘の様子がジオラマで示されており、大砲でねらいをつけて相手を打つというゲーム風の装置もあります。

　また、地域の伝統的な祭礼に用いられる飾り物や供物などの展示もあります。特に「発見博物館」と名づけられているのは、常に見学者に問いかけを発して、そこから何か新しいことを見つけ出してほしいというコンセプトでしょう。

　これらの常設展示とは別に行われる特別展には力を入れているようで、前回の訪問時には、特別展示としてトイレをテーマとした展示が行われていました。原始時代のトイレは想像の世界で表現され、中世では絵画に描かれたトイレの様子が示され、以後は便器の実物や復元品でその歴史をたどるというものです。このようなテーマで真面目に展示する博物館は便器メーカーの企業博物館やアンテナショップでの商品展示場のほかにはほとんど見られないでしょう。なお、二〇一二年四月に訪問した際には、常設展示のみで、特別展示は行われておらず、その展示室は閉鎖されていました。

✻王室御座船博物館　Royal Barge Museum

タイ王室が儀礼の際に用いる王室専用の船を御座船と呼びます。この博物館は、チャオプラヤ川にかかるプラ・ピンクラオ橋の北側たもとにあります。曲がり角ごとに貼られた案内板を見ながら、民家の間を縫うように細い道を歩いていくと、チャオプラヤ川が見える場所に突き当たります。まるで体育館のような建物が博物館として公開されていますが、ここは王室専用船の艇庫としても現役の施設です。中には水面から約五〇センチ吊り上げられた状態で船が置かれています。

最も手前の船は一九八一年に建造されたもので、全長三一メートル、幅二〇・三メートルあります。次の船は一九一四年、ラーマ六世によって建造されたもので、全長四八・五メートル、幅二・五メートルあり、展示されている中で最も大きな船です。船員は一八人、こぎ手五四人で運航されます。

三番目の船は、ラーマ五世による建造で、全長四五・五九メートル、幅二・九一メートルです。船員は一四人、こぎ手六一人で、展示中の船ではもっとも多くの乗員が必要な船です。次の船は一九六八年の建造で、全長二八・五八メートルとやや小型で、三四人のこぎ手と七人の乗員が必要ですが、展示船の中

王室御座船博物館

では最も少ない乗員数です。五番目の船は一九一一年建造で、もっとも古いものです。全長四六・五メートル、幅一・七メートルで、こぎ手五〇人と一四人の船員が必要です。

このほか奥に置かれた三艘は一九九六、一九六七、一九九五年に建造されたいずれも御座船です。船首には豪華な金色に輝く装飾があり、中央部に国王が座る屋根付の御座のある船もあります。

現在ここには八艘の御座船が繋留されており、それぞれが黄金色に輝き豪華さを競っているようです。このほか、陸揚げされた船首部分や御座部分のみ、あるいは装飾の一部などの展示が見られます。さすがに塗装は剥げ落ちてかつての黄金色の輝きは見られませんが、材料の素朴な質感だけが伝わってきます。また壁面にはこれら御座船が一斉に漕ぎ出される行事の様子を撮影した写真パネルも多数かかげられています。

王室御座船博物館

✻カムティエンハウス　The Kamthieng House Museum

現存している伝統的な建物が少なくなっている北タイの建築物が博物館として公開されています。この建物は、プリンスオブチェの曾孫のメーサッドによって、チェンマイ川の川岸に一八四八年に建てられました。

建物は典型的なランナー様式の家で、室内には初期の工芸品と儀式に使用されたものが収集展示されています。これらによってランナー後期の富豪の商人の生活ぶりを偲ぶことができます。建物にはメーサッドの孫娘カムティエンの名前が付けられています。

この家は、タイの伝統的な民俗文化の一つであるランナー文化のなかに西洋趣味を採りいれた最初の様式でした。カムティエンはランナー精神を守ったものとして残り、その後一九六三年にサイアムソサイヤティに寄付されます。やがて北タイ民族博物館として、バンコクに移転されました。

この家はいくつかのコーナーに分かれています。配布された解説文には、「階段を上がったベランダでは、ロマンチックな弦楽器（ピンピア）とジョイと呼ぶ北の人たちの歌声が心地よく耳に入ってきます」とあるのですが、残念ながらベランダでは、外を走る車の音しか聞こえませんでした。おそらくＢＧＭを流すのを忘れていたのでしょう。また台所では、メイチャンパーと呼ぶ年取った使用人が、当時の服装でゲーン・ケーコブという北タイのカレーを作っている様子がビデオで流されています。食材の野菜も精巧な模型で再現されています。

この建物から廊下で隔てられたユーンカーオという米倉では、易者（オーナンプラパット）によってコメの精と水牛に感謝する祭祀の音楽が流されています。また高床の床下には、布織物の織り機、子どもたちのために捕獲するための堰の作り方や仕掛けの竹細工などが展示されています。伝統的な霊魂崇拝については、アニメを通じて各年代層に楽しめる

カムティエンハウス

ように工夫しているようです。

この建物に近接して、北タイの地鎮祭が行われた祠《ほこら》、サーンパプームも復元されて域内中央に建てられています。

✿プラチャーティポック王（ラーマ七世）博物館　King Prajadhipok Museum

プラチャーティポック王（ラーマ七世）を記念する博物館で、二〇〇二年十二月七日に開館しました。かつてのラーマ七世博物館はタイ下院議会事務局の管理のもと、議事堂正面に建つラーマ七世プラチャーティポック王記念塔の地階にありました。やがて一九八〇年にラーマ七世・ラムパイパンニー王妃の協力により、ラーマ七世の遺品が寄贈され、公開されてきました。

二〇〇一年、博物館はプラチャーティポック王研究所の管理に移り、内務省土木工事局アヌテラック棟への博物館移転を受け入れます。移転に合わせて建物が改修され常設展示も行われるようになりました。屋根の中央に塔屋が設置されたヨーロッパ風の三階建ての建物で、一階フロアから三階フロアで常設展示が行われています。ここには王の出生から死亡までの生涯を写真や遺品によって紹介しています。一階展示室には両親に囲まれた幼少期の写真や、若き日の皇太子時代、国王としての生活、さらに退位後のイギリスでの暮らしなどを紹介しています。

二階展示室では、生い立ちから即位まで、イギリス留学、出家、御成

プラチャーティポック王博物館

展示室

婚、公務の状況などの公的な任務と、趣味の写真や音楽、スポーツなどの私的な部分についても紹介されています。青年時代に軍隊を経験した際の軍服がケースに入れられています。多くの同世代の人たちとの記念写真も印象的です。即位儀式の服装や関連写真や品物も並べられています。展示室は両側にボードが建てられ、写真パネルが掲げられており、それらの間にケースが配置され、さまざまな遺品が置かれています。

三階では戴冠式、開発、宗教、教育、軍事、通信、交通問題など多岐にわたる公務の状況、地方視察や外国訪問についての展示も見ることができます。バンコク建都一五〇周年祝賀行事、専制君主制から立憲君主制への大きな政治体制の変化、新たに制定された憲法なども紹介されています。

この博物館は、ほどよい間隔が保たれ、見やすく疲れない展示が行われていました。

美術・工芸・芸術に関する博物館

国立美術館
タイ王家紋章と貨幣博物館
ジム・トンプソンの家
ウィマーンメーク宮殿・布博物館
バンコク大学東南アジア陶磁器博物館

美術工芸に関する作品が展示されている施設は、既に紹介した王宮をはじめとする宮殿に付属する博物館がその主要なものといえましょう。王宮に敷設されているタイ王家紋章と貨幣博物館は、その名のとおりさまざまな紋章彫刻や貨幣を集めた展示施設です。

タイの伝統的織物を発展させたジム・トンプソンの業績も大きく、その博物館もたずねます。東南アジアの陶磁器の展示を行っているというバンコク大学東南アジア陶磁器博物館もあります。

✻国立美術館　National Art Gallery

国立博物館とは、交通量の多い道路を隔てた反対側にあります。もともとこの美術館の地には、ラーマ一世時代の副王の宮殿が建てられていました。一九〇二年に王室が招聘したイタリア人技師カルロ・アルレグリによって造幣局の庁舎が建設されました。建物は二階建て両翼（一階建て）を持つもので、一九六八年まで使用されました。やがて一九七四年に建物の管理が財務省から美術局に移管され、一九七七年八月に美術館として開館しました。さらに一九七八年八月には国家歴史建造物に指定されています。

展示は、①タイの伝統的絵画、②西洋式現実主義の絵画（一八五六～一九三七年）、③王が描いた絵画、④一九三二年～一九六七年のアート、⑤一九六八年～二〇〇二年のアート、という五つのコーナーに区分され、展示室ごとに壁の色を変えています。

一階入口右手の展示室が西洋式現実主義の絵画の展示に充てられています。壁面の色が緑で、照明が暗く、目が慣れるまでやや戸惑います。当然のことながら西洋風の絵画が目立っていますが、ラーマ二世像など人物像を描いた作品が多いようにも思えます。

王が描いた絵画展示室は、国王が自ら描かれた作品を展示しているコーナーです。ラーマ六世をはじめ現国王のラーマ九世の作品も展示されています。壁面の色調は黄金色です。

一九三二年～一九六七年のアートがテーマの展示室は、青緑色の壁面

国立美術館

二階展示室

が特徴です。この期間に製作された絵画、彫刻などの作品が紹介されています。二階の伝統的絵画の展示コーナーは、建物の天井が高く、壁と柱は赤く塗られ、天井や横のラインは金色です。派手には見えるのですが、何かしら落ち着いた荘重な雰囲気がある空間になっています。展示品は窓と窓の間の壁面に掲げられています。仏教でよく見られる曼荼羅《まんだら》風のものや仏塔が題材となった作品などが掲げられており、仏教的な色彩が濃い絵画が多く見られます。しかし、布に描かれ軸装された作品は、褪色が著しいのと、館内の照明が暗いためよく見えなかったのが残念です。額装されている作品には、タイの田舎の日常風景や伝統行事の様子が描かれていました。このコーナーの展示品は、時代的にも古いものが多く、それなりに魅力的なのですが、作品の観賞よりも部屋の雰囲気を楽しむ方がいいように思えます。

　一九六八年～二〇〇二年のアート作品では、一部に具象画は見られますが、大半は抽象画、あるいは抽象的な彫刻作品が展示されています。いずれもタイの作家による製作です。時代が現代に近いものほど抽象的な作品が増えているように思えましたが、主たる題材は伝統的な行事、仏教関係や人物、あるいは地元の植物などでした。最も奥にある広い展示室は、現代芸術作品に多くのスペースを割いています。

　中庭には現代作家の抽象的な彫刻作品が数点展示されていました。さらに壁面を利用して陶板を組み合わせて構成した作品などがあります。いずれも題名や作者名が見当たりませんでした。また中庭を挟んだ別棟

中庭の彫刻作品

の展示室では、タイの新進画家の個展が開かれていました。作品に価格がつけられていましたが、日本円で三万円から十万円程度でした。なおこうした展示はいつも行われているわけではありませんのでご注意ください。

✽タイ王家紋章と貨幣博物館

王宮のチケット売り場を通るとまもなく、この博物館があります。王宮内の展示室の一つです。展示室は上下二フロアです。

王族が式典で着用する衣装や勲章、王冠、指輪、ベルトや金銅製の剣など、宝石がちりばめられ、金銀で周囲を装飾した品々が数多く展示されています。とりわけラーマ一世の王冠は金製の相当大きなものです。

タイなどで発行された記念硬貨が展示されています。五世王妃記念コインや大明金貨などがあります。そのほか、エメラルド寺院の本尊でもあるエメラルド仏のレプリカと、その仏の衣装替えを行うために用意された黄金色などの衣装が展示されています。

タイ王家紋章と貨幣博物館

✽ジム・トンプソンの家　The Jim Thompson House

タイのシルク王と呼ばれたジム・トンプソンは、タイのシルク産業を再興させ、代表的な輸出品の一つにまで育て上げた人物です。また、東南アジア古美術品のコレクターとしても知られています。シルクの商品取引の便を考慮して運河のほとりに居を構えました。古いタイ風の建物で、一九五九年から一九六七年までここで過ごしました。

現在は彼の居宅すべてが博物館として公開されています。建物は二階建てで、地元産の材料を用いて彫刻された仏像、仏画をはじめ、中国の明、清時代の陶磁器、タイのベンジャミン焼など、多くの古美術品が展示されています。また織物関係の民俗資料、たとえば糸紡ぎに用いられた糸車などもさりげなく部屋のインテリアのように置かれています。ベンジャミン焼の壺や碗、鉢などは豪華で、金銀を用いたカラフルな装飾が施されています。主として王宮などで使用されていた貴重なものと同じで、カラフルで派手、豪華な容器です。

トンプソンが使っていたベッドルームの調度品、書斎の机などは、当時のままの状態で置かれています。特に彼がかわいがっていたペットの白ネズミのために中国人職人に作らせた迷路式の小屋は、「ねずみの宮殿」とも呼ばれたようです。このほか仏像なども所々に安置されていますが、香炉や花立は見られません。これらの仏像はインテリアの一つとして考えられていたのかもしれません。

ジム・トンプソンの家

トンプソンは、アメリカの諜報機関員であったことから、作家のサマセット・モームをはじめ多くの著名人が彼を訪れています。一九六七年三月、トンプソンはマレーシアの友人の別荘を訪れ、そこから突然失踪してしまいました。スパイ説や自殺説などさまざまな憶測が流れましたが、いまだその背景は謎の

ままです。この事件に取材した小説が松本清張『熱い絹』です。興味のある方は是非ご一読ください。

✽ウィマーンメーク宮殿・布博物館　Cloth Museum

王族が収集した布織物を、衣装としてではなく、布そのものの美しさを見せるために展示しています。タイの伝統的な織物の特徴は、多くの色彩を駆使するのではなく、単純な伝統的な文様から構成されているということがよくわかります。

布博物館

✽バンコク大学東南アジア陶磁器博物館　Bangkok University South-East Ceramics Museum

ロイヤル・エレファント博物館に置いてあったチラシに興味を持ち、さっそく訪ねてみました。高速道路を走ること約一時間余りでバンコク大学校門まで到着しました。さすがに大学と思わせる建物が立ち並ぶ近代的な構内です。

少し奥に行くとひときわ目立つ近代的な高層建物があり、その前方にサウスイースト・セラミック・ミュージアムと表示された白い壁の建物があります。ドアを入って博物館を見学したい旨を告げると、残念ながら閉鎖中であるとの答え。せっかく来たのになぜと絶句してしまいました。昨年（二〇一一年）の洪水で校内が約一・五メートルも冠水したため、博物館は休館せざるを得ない状況になってしまったという

この階段の下に博物館がある

話を聞き、納得。バンコク市街地などの施設は水害から復興していますが、地域によってはまだ復旧が困難な施設もあるようです。なお再開は二〇一三年の夏くらいになるだろうとのこと、機会があれば訪ねてみたいと伝え、再びバンコク市街地へ向かいました。

なおこの博物館には、大学創始者のコレクションを中心に、中国、タイなどの陶磁器が収集されているほか、タイで調査されている陶磁器の生産遺跡の展示も見られたとのことです。

今回は訪問の機会を逸しましたが、バンコク市内及び周辺には、ほかにも大学付属のギャラリーがいくつかあります。

寺院・宗教に関する博物館

ワット・プラケオ（エメラルド寺院）
エメラルド寺院博物館
ワット・ポー
ワット・スタット
ワット・トライミット
ワット・トライミット博物館
ワット・ベンチャマボピット（大理石寺院）
ワット・アルン（暁の寺）

タイが仏教国であることは、バンコク市街地の中に多くの仏塔が建ち並んでいることからも実感させられます。仏教寺院はタイ文化の形成に大きく影響を与えており、文化財も多く所蔵し、博物館を併設している所も少なくありません。ここでは、いくつかの寺院を紹介します。

✱ワット・プラケオ（エメラルド寺院） Wat Phra Kaeo

王宮に入ると正面に位置しているのが、この王室守護寺院ワット・プラケオ（エメラルド寺院）です。本堂に安置されているエメラルド仏はタイ国の本尊仏として、王室はもとより国民の崇敬を集めており、毎日多くの参詣者が訪れます。このため正面の入口はタイ国民用と観光客用に分けられており、タイ国民は専用の通路を通って仏に参拝しています。

エメラルド仏は、ブサボクと呼ばれる金箔で覆われた木彫のタイ様式の須弥壇《しゅみだん》に納められています。この仏は、暑い季節、雨季、寒い季節にはそれぞれの衣装をまとっています。衣替えは年三回、王様自身が

★エメラルド仏の由来★

1434年チェンライにあった仏塔が落雷によって破壊され、その内部から漆喰で覆われた仏像が発見されました。さらに漆喰の禿げた部分から緑色の仏像が出現しました。これがエメラルド仏が世に出されたきっかけでした。その後、1468年にランナータイのティローカラート王は、このエメラルド仏をチェンマイの都に安置します。しかし、ティローカラート王は後継者がないまま1552年に他界します。王女の一人がラオス王に嫁いでいたので、チェンマイ王として、その息子であるチャイチェッター王子が迎えられます。しかし父のラオス王がなくなると王子はラオスの都ルアンパバーンにエメラルド仏を持ち帰り、そこでラオス王として即位します。やがてチャイチェッター王は、ビルマ軍に攻められ、都を1564年ヴィエンチャンに移します。エメラルド仏はラオスにとどまることになり、以後 226 年の歳月が経過します。

1778年、のちのラーマ一世となるチャオプラヤー・チャクリー将軍はヴィエンチャンを占領し、エメラルド仏を再びタイに持ち帰りました。1782年に即位したラーマ一世はバンコクに都を置き、一七八四年には荘厳・盛大な儀式のもと、このエメラルド仏を王室守護寺院ワット・プラケオの本尊として安置されました。

行われることになっています。エメラルド仏は緑色をした翡翠に彫られたもので、高さ六六センチ、ひざ幅四八・三センチの大きさです。

✤ エメラルド寺院博物館　Wat Phra Kaeo Museum

王宮の中心部からやや外れた一角にこの博物館はあります。エメラルド寺院の修復の際に新たな木材と交換した部材や、この時に、新たに発見された装飾品や仏像などの一部が集められています。柱の下方で支えている独特の神像は、修理の際にとり外されてケース内に納められています。建物の一部では目立たない大きさですが、単独で見ると意外に大きな像であることがわかります。

また寺の祭祀儀礼に使用された仮面類、仏具などのほか多数の仏教関係遺品がケースに収められ展示されています。残念ながら解説パネルなどがほとんどないので、どのような儀式で用いられたかは不明です。また外部の塗装に使用された顔料が置かれ、それらがいくつも組み合わされて塗装されたことがわかります。

博物館の周りには、青銅製や鉄製の小型の大砲などが多数並べられています。

大砲の展示

エメラルド寺院博物館

✻ワット・ポー　Wat Pho

一八世紀末期のラーマ一世の時代に創建された、バンコク最古最大の寺院です。敷地面積は約八万平方メートルあります。ワット・ポーとは「菩提の寺」という意味です。

礼拝堂には全長四六メートル、高さ一五メートルの大きな涅槃仏《ねはんぶつ》が安置されています。あまりにも巨大すぎてカメラのファインダーを覗いても普通の広角レンズでは入りきりません。全身を金箔で覆われ、目と足の裏には真珠貝が用いられています。この涅槃仏に沿ってお堂の窓際には、人間の煩悩の数と同じ一〇八個の金属製の鉢が置かれています。その鉢の中にサタン硬貨を喜捨すると人間の煩悩を棄てられると言われています。地元の仏教徒だけでなく、多くの観光客も硬貨を投げ入れています。堂内には常に硬貨を投げ入れる金属音がいつも響いています。

境内には多くの仏塔があり、いずれも黄金色に輝き、荘厳さと豪華さを漂わせています。

また、タイ古式マッサージの総元締とでもいうのでしょうか、ワット・ポー・マッサージスクールが敷地内にあり、技術の修練やタイ古式マッサージ師資格の証明書などを発行しています。

ワット・ポー

涅槃仏

✽ワット・スタット　Wat Suthat

ラーマ一世によって創建された王宮寺院で、二七年の年月をかけて建設されました。この寺院は、タイ仏教以前に伝来していたバラモン教とも関連の深い寺院です。なお礼拝堂に祀られている大仏の大きさは高さ八メートル、幅六・二五メートルあります。この仏像は、ラーマ一世がスコタイのワット・マハタートから運ばせたもので、台座にはラーマ一世の遺骨が収められています。

この寺院の横に立つ巨大なブランコは、大きな朱塗りの鳥居のようにも見えます。サオ・トンチャと呼ばれ、かつてはシバ神をたたえるバラモンの祭りで用いられました。僧侶がブランコを高くこぎ、高さ一五メートルの竹さおの上に取り付けられた黄金の入った袋をもぎ取るというもので、大変危険でバランスを崩して落下するなどの事故が発生し、死傷者も出たことから、ラーマ七世の命令で中止されました。現在は、寺の前のロータリーの中央に、ぽつんとこの朱塗りの柱が立っています。

巨大なブランコ

この寺院の前には、大小さまざまな仏像や仏具、花飾りなど、仏教の催事に必要な道具がすべて揃う店が軒を連ねています。

✽ワット・トライミット　Wat Trimit

バンコクの市街地のほぼ中心に位置するチャイナタウンにある大きな寺院です。

ワット・トライミットの黄金仏

一九五三年、港の改良に伴う工事で、既に廃寺となっていた寺院を取り壊すことになり、その本尊として祀られていた仏像を移動することになりました。ところが、相当の重量があったため、吊り上げていた滑車が破損し、仏像にひびが入ってしまいました。夜間でもあり、激しい雨も降っていたため作業は中断されました。

翌日、放置された仏像の漆喰の割れ目から黄金色の部分が見えました。漆喰をはずすと、中から光り輝く黄金の仏像が出現したのです。後の調査研究によって、この仏像はスコタイ時代に造られたものと判明しました。また表面を漆喰で覆ったのは、敵対していたビルマ軍の略奪を避けるためだったと考えられています。

宝塔の最上階中央に安置されているこの黄金仏は、高さ三メートル、重さ五トン、金の純度は八〇％です。仏像の頭上に付けられている王冠は、この地に移動した後に、中国人篤志家によって、一八金で造られた王冠が寄進されたものです。

✽ワット・トライミット博物館　Wat Trimit Museum

ワット・トライミットに付属する博物館です。本尊の金銅仏をまつるストゥーパの形をした巨大な建物のうち、二階、三階が博物館として公開されています。

展示室では、本尊として祀られている黄金仏出現の由来を、アニメ映像やジオラマを駆使して解説しています。本尊発見のきっかけともなった滑車や切れたロープも展示されています。

このほか、ワット・トライミットを支える地元チャイナタウンの成り立ち、中国人のタイでの日常生活の様子や、その苦難の歴史が、実物大のジオラマでわかりやすくまとめられています。

✿ワット・ベンチャマボピット（大理石寺院）
Wat Benchamabophit

一八九九年にラーマ五世によって建立されました。建物は屋根の部分を除く多くの部分が大理石を使用していることから、大理石寺院とも呼ばれています。使用されている大理石はイタリア・カララ市からわざわざ運ばれたものです。屋根瓦の朱色と白い大理石、黄金で覆われた窓飾りや破風飾り、ステンドグラスの窓など絶妙の色彩感覚によって、より豪華で壮麗な印象を与えています。

本堂の背後に連なる回廊部分には、タイをはじめ各地域の特徴を表現した仏像彫刻が順序良く数多く並べられています。そこには釈迦苦行像として知られる痩せ細った苦行中の釈迦を表現したガンダーラ彫刻風の仏像や、腰をくねらせた妖艶な印象を与える仏像など、実にさまざまな形状の仏像を見ることができます。

ワット・ベンチャマボピット

滑車や切れたロープの展示

この中に日本の様式に基づいて作られたという仏像がありました。小さな後背を伴う阿弥陀如来像と見られる立像です。ほかの仏像に比較して表情になじみがあり、何かしらほっとする仏像でした。

✿ワット・アルン（暁の寺）Wat Arun

別名「暁の寺」とも呼ばれる、実に優美な仏塔が建ち並ぶ寺院です。この寺院には、ラーマ一世の時代に創建されたタイ最大級のクメール様式の仏塔（プラーン）があります。

この仏塔は表面に色彩豊かな磁器を見事にはめ込んでおり、素晴らしいの一語に尽きます。近づいて目を凝らして観察すると、極彩色の皿は、赤、青、緑などの色調が美しい花鳥文様が施された色絵の磁器皿です。壁面には、表面の文様が見えるように文様面を外にして貼り付けられています。さらに、円形の皿と皿の間隙には、細かく破砕された磁器が、これも文様を外にして貼られています。貼り方が雑然しているようにも見えますが、きちんとした計算が行われていたようで、外見上は螺鈿のように見え、緻密な構築物という印象を与えます。

これらの色絵磁器は、おそらく中国から輸入されたのではないでしょうか。とすると、塔の表面を飾るには膨大な量の色絵磁器が必要となります。遠く離れた中国からのも

ワット・アルン

釈迦苦行像

のとすると、費やされた労力は想像を絶するものとなります。

三島由紀夫の「豊饒の海」という長編小説の第三部「暁の寺」はこの仏塔が題材となっています。この寺院についての三島由紀夫の素晴らしい描写の記述があります。

「近づくにつれて、この塔は無数の赤絵青絵の支那皿をくまなく鏤めているのが知らされた。………」

さらにその製作手法について、

「嵌め込まれた数知れぬ皿は花を象り、あるいは黄の小皿を花心として、その周りに皿の花弁がひらいていた。…（略）」とあります。この素晴らしい塔の情景描写、表現には納得させられ、感嘆させられるばかりです。

ここに建つ塔のすべてに陶磁器の皿あるいは皿の破片が用いられており、まるで全体が螺鈿細工で構築されているかのように光り輝いています。

ワット・アルン

動物・植物に関する博物館

サヤーム・オーシャンワールド
サムツ・プラカーン・クロコダイルファーム
ダイナザウルス・ミュージアム
揚海泉博士記念品陳列室
ロイヤル・エレファント・ナショナルミュージアム
ドウシット動物園

バンコクは熱帯性気候に属しており、そこに生息する動物の種類は多いのですが、タイといえば象を思い起こす人が多いと思います。王族との関連から象を主役とした博物館がありますが、意外なことに、生きた象を飼育している動物園はバンコク市内にはそれほど多くありません。

また熱帯の動物として必ずあげられるワニの飼育公開施設があります。近年、東南アジアでは水族館が増えていますが、バンコク市街中心部にも水族館が開館していますので紹介します。

✿サヤーム・オーシャンワールド　Seiam Ocean World

バンコク市街地のほぼ中心部にある大規模なショッピングセンター、サヤーム・バラコーンの地下につくられた近代的な水族館です。

この水族館は、「不思議な水生動物たち」、「深海世界」、「生存競争」、「ジャングル地帯」、「陸と海が出会う」、「大型水生動物たち」、「多種多様なクラゲたち」の七つのコーナーで構成されています。

まず入口を入ると「不思議な水生動物たち」のコーナーです。円柱形のケースに足長蟹が五、六匹(杯)入れられています。また鋭い歯から「海のギャング」ともいわれるウツボの巣層では、岩場の陰に潜むウツボを観察することができます。またカサゴや、岩や水草の色に擬態して周囲にはその存在がわからないようにしているアンコウの一種など、見た目にはあまり美しくない魚も水槽で飼育されています。

途中で救命具を付けた親子連れが列をなしているところがあります。水上のゴムボートから深い飼育水槽の中をのぞける体験ができるコーナーです。インストラクターに伴われて五人程度の小さなグループ単位で、水上に張られたロープをたどりながら進んでいきます。子どもたちの歓声が響いています。

大型の洞窟のジオラマがあり、そこに「CAVE　CREATURES」と看板が出されています。洞窟内には所々に水槽が設けられ、水生動物を見ることができます。

サヤーム・オーシャンワールド

水中トンネル

「ジャングル地帯」のコーナーには滝が流れ、滝壺には淡水魚が泳いでいます。またなぜか、野菜や果物を満載した船も浮かべられています。「アマゾン」と表示されたところにはアマゾン地域の水生動物や陸生動物の展示ケースが続きます。アマゾン川に生息する大型のアロワナやピラニアの群生する水槽は子どもたちに人気があります。水槽の真ん前に座り込んで中を眺める大人もいました。

さらに行くとペンギンの水槽があります。ここでは陸上を歩く姿や水中を泳ぎまわる元気なペンギンを見ることができます。毎日数回ペンギンのショーが行われています。

水中生物に触れるコーナーもあり、砂地の浅い水槽にヒトデなどが入れられています。クラゲのコーナーでは色も形もさまざまなクラゲを見ることができます。

また最近の水族館でよく見られる水中トンネルがここにもあります。両側と天井に、大小の魚の群れが泳ぐ様子を観察することができます。

オーシャン・シアターには観覧席があり、前方には巨大な飼育水槽が左右に広がっています。カラフルな熱帯魚がスクリーンに見立てられた水槽を泳ぐ様子を多くの家族連れが楽しんでいました。

電気なまずのコーナーでは、どれぐらいのエネルギーなのか、自転車のペダルをこいで発電してみようという体験コーナーがあります。

ミュージアムショップでは、ポストカード、マグカップやTシャツ、魚のフィギュア、アクセサリーなどの記念グッズが販売されています。

✻サムッ・プラカーン・クロコダイルファーム　Samut Phrakan Crocodile Farm & Zoo

ワニの飼育場が一般に公開されている施設です。一九五〇年に皮革製品の材料となる皮をとるための施設として造られました。約一三万平方メートルという広大な敷地に三万匹以上のワニが飼育されている、世界最大の施設だということです。人間とワニのレスリングショーは大人気です。

成長したワニが放たれ飼育されているプールの傍らで、ワニの餌となる鶏が販売されていました。竿の先に縄をつけ、鶏一羽を先端にくくりつけるというもので、いわば「ワニ釣り」です。なかなか迫力がありますが、ワニ釣りを楽しむ余裕などなく、すぐに餌を奪われてしまいました。

このほかバンコク近郊に、ワニと象を飼育しているサンプラーン・エレファント・アンド・グランド・ズーもあります。こちらも平日でも結構賑わっています。サンプラーン・エレファント・アンド・グランド・ズーでは、ワニの繁殖や飼育の様子は公開されていませんが、卵から孵化させた段階のワニの飼育場も、時間を追って成長するワニの姿も公開しています。

サムッ・プラカーン・クロコダイルファーム

✿ダイナザウルス・ミュージアム　Dinosaurs Museum

入口にはダイナザウルスの頭部の化石標本が置かれています。この化石のレプリカに誘われて中に入りました。

展示室はかなり暗く、よほど目を凝らさないと内部の様子が見えません。まもなく照明で明るく照らされた場所に出ます。そこに恐竜の骨格化石があり、その後ろにこの恐竜が生存していた時代の想像図が描かれています。

次にワニの骨格標本があり、現在棲息するワニやワニガメとの比較ができるようになっています。現在より数倍大きなワニがこの時代にいたことがわかります。

またケース内に打製石器の斧など新旧石器時代の遺物が展示されていましたが、恐竜の生きた時代と人類のいた時代とは、大きく離れているはずですが、ここでは連続しているかのような印象を与える展示でした。

ダイナザウルス・ミュージアム

✿楊海泉博士記念品陳列室

ワニの成長過程を見ることができる大小のプールに続いて、展示室があります。このワニ園に関係した楊海泉博士の業績を顕彰するために、創設六五周年の二〇〇七年に設置された展示室です。多くの表彰状が壁面に掲げられており、博士の研究業績などを写真パネルで紹介しています。

❀ロイヤル・エレファント・ナショナルミュージアム The Royal Elephant National Museum

アナンタ・サマーコム宮殿に隣接するドゥシット宮殿敷地内にある二棟のタイの伝統的な平屋建ての建物が、ロイヤル・エレファント・ナショナル・ミュージアムです。手前が建物1、奥が建物2とされており、それぞれに王室の象に関する展示があります。

建物1では、中央に立派な象牙が飾られており、その周囲には西ジャワで造られた象の頭をもつ神、ガネーシア石像（一七～一八世紀）や黄金仏などが展示されています。

建物2では、中央に実物大の象のレプリカが置かれています。この像は黄金の布などで飾られており、儀式に伴う装飾を施したものです。周囲には銅鑼《どら》や供物や象に付けられる花飾りなど儀式に関連する品々などが展示されています。

ロイヤル・エレファント・ナショナルミュージアム

❀ドウシット動物園 Dusit Zoo

アナンタ・サマーコム宮殿と道を隔ててこの動物園の柵が続いており、柵の外側には園内で飼育されている動物の絵が掲げられています。ラーマ五世が、ウィマーンメーク宮殿に隣接した王家の庭園「スアン・デュシット」（天国の庭）としてこの地を造園したのが始まりです。その後、一九三八年立憲君主制に伴って、当時のピブン内閣によって動物園とされました。ドゥシット動物園は、開館以来七二年の歴史を誇り、世界中の地域から二〇〇〇〇以上の動物が集められ、年間には二〇〇〇万人が訪れるといいます。

園内は大きな池を中心に、広大な面積を誇っています。飼育されている動物は、キリン、象、虎、鹿など多種多様です。ただし昼間はさすがに熱帯らしい暑さで、元気のない動物もいるようです。園内を一周するトラム・トレインに乗って園内を巡ってみました。

アフリカゾーンではシマウマ、キリン、ダチョウ、カバなどアフリカに生息する動物を見ることができます。このほか、夜行性動物、爬虫類、オットセイなどのコーナーがあります。

ドウシット動物園

今回訪問した時期（二〇一二年四月）は、タイの旧正月「ソンクラーン」にあたっていたため、園内は子ども連れの家族で大混雑でした。ソンクラーンは最も暑い時期に当たっており、水をかけて清める儀式が行われていました。今では、新年というよりも祭りといった色彩のほうが強く、「水かけ祭り」とも呼ばれています。園内にも水鉄砲を手にした子どもたちが多く、各所に水鉄砲用に大きな水桶が用意されていました。世界中どこも同じで、お父さんはお疲れ気味の様子、子どもたちは大はしゃぎでした。

日本でもおなじみのコンビニやファストフード店が出店しており、池にはさまざまな色や形のボートが浮かび、賑わっています。

戦争・武器・武具に関する博物館

武器博物館
鉄砲博物館
プラ・スメーン砦
ロイヤル・タイ空軍博物館

博物館や王宮など、バンコクでは各所で大砲を見ることができます。王宮内のエメラルド寺院博物館の外に置かれた大砲の量はとくに多いようです。

タイの歴史は、隣国ビルマとの戦闘、クメール王朝とシャム王朝の戦いなどいくつかの戦争を経験してきました。こうした戦いで使われた武器、武具は、現在王宮内の博物館に展示されています。

また、ロイヤル・タイ空軍博物館では現代の軍備の一端を知ることができます。

✻武器博物館　Weapon Museum

王宮内チャクリー・マハ・プラーサート宮殿の一階が武器博物館に当てられています。

タイで使用されてきた旧式の鉄砲や槍、刀、剣などの武器を集めて展示しています。展示品は、壁面に立てかけられたり、乱雑に無造作に置かれており、手入れも十分とはいえないようです。赤茶色の錆が見える刀や槍先も多く、日本刀もありましたが、切れ味の鋭さという日本刀の良さがわかるものでは到底ありませんでした。

✻鉄砲博物館　Gun Museum

この博物館もチャクリー・マハ・プラーサート宮殿の一階にあります。

武器博物館とは正面階段を挟んで反対の方向に位置しています。武器博物館と一対になっているようです。ここでも手入れは十分ではなく、展示品の表面は赤、青の錆びに覆われていました。宮殿階段の前には王宮を守備する衛兵が立哨していますが、彼らの所持する銃は十分磨かれて輝いていました。

武器博物館

鉄砲博物館

✻プラ・スメーン砦　Phra Sumen Fort

チャオプラヤ川とバーンラムプー運河の分岐点に位置しており、バンコクに都が移された時期に、外敵からの防備のために構築されました。このほかにもいくつかの砦が構築されましたが、いずれも開発工事などに伴って取り壊され、現在では、この砦とマハカーン砦がわずかに残されているのみです。

白色の石材を用いて構築されたこの砦は、現在は、厳重な鉄柵や警備員が配置され、中には入れませんが、堅牢なつくりは外観からも十分にうかがえます。中央に六角形の塔を配し、これを取り囲むように二段二重の石柵の囲いが巡らされています。下層の段には大砲が現在も残されています。この砦の正面は道路に面していますが、隣接して整備された公園があり、市民の憩いの場ともなっているようです。

プラ・スメーン砦

✻ロイヤル・タイ空軍博物館　Royal Thai Air Force Museum

バンコク国際空港はアジア最大のハブ空港として整備されていますが、かつては市街地の一角、ドンムアンにありました。それを移動して二〇〇六年に新たに開港したのが現在のスワンナプーム国際空港です。現在も国内線や非常時には国際線の発着もある旧空港に隣接して建設されているのが、ロイヤル・タイ空軍博物館です。

ロイヤル・タイ空軍博物館

飛行場に隣接していることもあって、広大な面積の中にさまざまな飛行機が展示されています。航空機の種類も、小型の戦闘機、大型の輸送機、爆撃機、単発のプロペラ機も軽飛行機、複葉機、低翼機と多種多様です。それらが格納庫に納められたものもあれば野外に野ざらしの半壊状態のものまで、さまざまです。

ヘリコプターも、大型の輸送機、救急用ヘリ、攻撃用ヘリなど多様です。ラーマ九世がヘリコプターと共に写っている写真パネルが掲げられているところに置かれたヘリコプターは整備が行き届いているように見えました。

ジェット戦闘機は旧式のものから最新のものまで展示されています。館の入口のところにある二機は近年まで現役で活躍していたF-5ジェット戦闘機で、機体は迷彩色が施されています。

また、航空機ばかりでなく、高射砲やレーダーなどの機材も解体状態で放置されています。

ミュージアム・ショップでは、航空機の帽子やTシャツ、プラモデル、航空機のカタログ、写真集など、航空機ファンならずとも欲しくなるようなグッズが目白押しでした。

科学、自然科学に関する博物館

科学博物館&プラネタリウム
法医学博物館
寄生虫博物館
タイ薬学史博物館
解剖学博物館
人類学（先史）博物館

バンコクでも、科学博物館とプラネタリウム、水族館などが同じ施設内にあります。また科学博物館は、成長段階の子どもたちを主なターゲットとしており、大人には少々くどい、あるいは退屈なところがあるかもしれません。バンコクでは病院に付属する五つの分野の博物館がユニークです。解剖学や寄生虫、あるいは法医学という学問分野は名前こそ知られていますが、内容はほとんどの人が未知の世界でしょう。これらの展示は純粋に学問的見地からのもので、かつてある国で持ち上がった人権という見地からは到底直視できないかもしれません。ただし我々は医学分野の発達の上にあることだけは銘記しておかねばならないでしょう。

＊科学博物館＆プラネタリウム
Science Museum & Bangkok Planetarium

科学博物館とプラネタリウムが一つとなった施設ですが、博物館のみの見学も可能です。科学博物館は対象が子どもたちですから、科学の法則や知識をわかりやすく理解させるように工夫した展示になっており、科学の知識・原理を楽しく学び、知識より想像の世界が重要であるというコンセプトによってこの館は運営されています。

プラネタリウム、アクアライフ、サイエンス・ミュージアム、ナチュラル・サイエンス、ヘルス・サイエンスセンターという五つの分野で構成されています。

一階フロアでは、３Ｄメガネを使用して立体的に景色を見る体験ができます。このほか音階、音感に関する装置などがあり、十分に想像の世界に遊ぶことができそうです。また二階では、スポーツと時間の関係について、特に陸上競技や競泳での記録がどのような装置で計測されているのか、あるいはどのような装置で細かなタイムまでが測れるのかということをジオラマやパネルによって解説しています。同時にかつて使われていた柱時計なども展示されています。

アクアライフの展示施設は、本館から少し離れたゲート横にあります。細長い水槽のある水族館で、タイ近海や熱帯の魚類が飼育されています。た

科学博物館＆プラネタリウム

だ、飼育されている魚種が多くないのが残念です。

ヘルス・サイエンスセンターでは、フィットネスフロア、スイミングプール、フットサル・フィールド、テニスコートなどがあり、スポーツを楽しみながら健康を科学するようになっています。

このほか、科学への関心を一層高めるために科学センターのデリバリーサービスや、工作教室などを実施しているようです。

✻法医学博物館　Songkrarm Niyomsane Forensic Medicine Museum

シリラート病院内にはいくつもの博物館が設置されています。法医学博物館は、かつて使用されていた救急車が展示されているフロアの右手奥に受付がありました。チケットと共に簡単なパンフレットが渡されます。入場後は自由に見学できますが、写真撮影は一切禁止でした。

犯罪による死亡者は司法解剖が行われ、死亡原因が特定されます。この医学の分野を法医学と呼びます。拳銃で頭を打ち抜かれた被害者の頭部のホルマリン漬けがあります。これによって拳銃の弾がどこから入ったのかがわかります。

ここにはミイラがいくつかあります。そのうちの一つがシーウイという人物のミイラです。この博物館が別名「シーウイ博物館」と呼ばれるのはこのミイラに由来しています。この人物は一九五〇年代の数年間に不老長寿のために五人の幼児を殺害し、その臓器を食べていたという凶

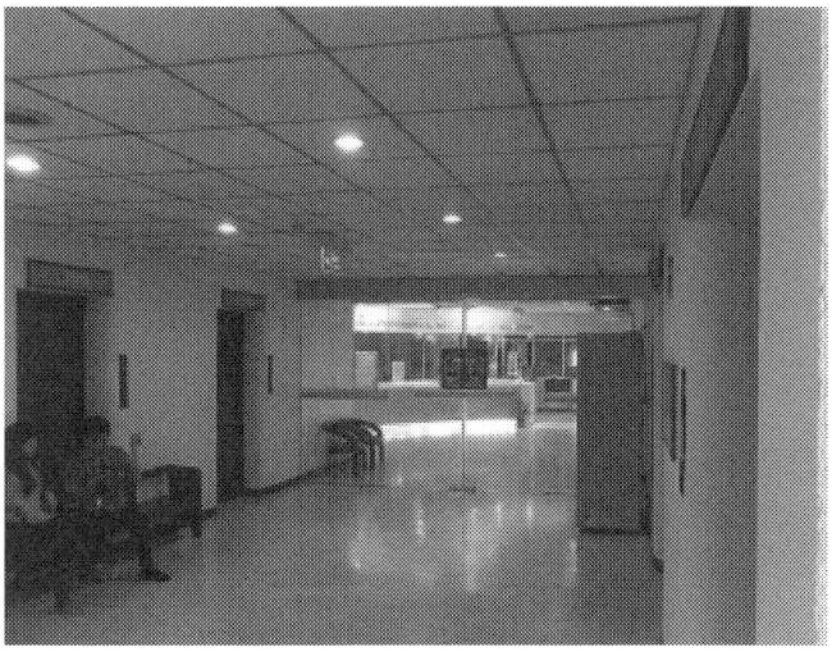

シリラート病院

悪犯罪の犯人なのです。逮捕、裁判の後、死刑となりますが、裁判所は死刑後も供養する価値はないという判決を下しました。このためシーウイは永久にミイラとしてさらし者とされているのです。

ミイラが置かれ、骨格標本やホルマリン漬け標本などが並ぶ展示室ですが、ホルマリンなどの薬剤のにおいは全くありませんでした。訪問者は、医学関係者が多いのではないかと想像していましたが、意外と一般観光客、それも女性が多くを占めていたのには驚きました。

✤寄生虫博物館　The worm　Museum

法医学博物館と同じフロアにあります。

人類の体内に寄生するさまざまな寄生虫を紹介しています。とくに衝撃的な展示があります。縁側に座った二人の人物のうち一人の片足が体の横幅ぐらいに大きくはれ上がっています。もう一人は睾丸が大きくはれ上がり、まるでバスケットボールのようになっています。いずれも寄生虫によるもので、かつてのタイの田舎の貧困層に見られたようです。

パネルによる説明や、試験管や瓶に入れられた寄生虫の実物標本なども展示されています。

✤タイ薬学史博物館　Quay Ketusingh Museum of History of Thay Medicine

寄生虫博物館と隣接しています。

薬草などさまざまな材料から薬を調合するというタイの伝統的な方法が示されています。薬研《やげん》や臼《うす》、乳鉢など薬の調合に不可欠な道具も展示され、また薬剤の調合を行っているジオラマも設けられています。

✽解剖学博物館　Congdon Anatomical Museum

法医学博物館などの棟とは異なる棟の三階フロアの奥にあります。とくに受付などはなく、大学の研究室といった感じです。タイにおける現代解剖学の父として尊敬されているコンドン教授の研究室が博物館として公開されているものです。

人間の神経系がどのように張り巡らされているのかを示した見事な標本があります。人間の骨格標本がごく普通のサイズから二メートルを超える長身の骨格標本まで壁際のケースにずらりと並んだ状態はある種、異様な雰囲気です。また内臓の病理標本やシャム双生児や水頭症などの異常胎児遺体の実物がホルマリン漬けの瓶に入れられて、棚の上に数十体並べられています。人体を頭部からつま先まで背骨を中心に沿って輪切りにした状態のものもあります。

✽人類学（先史）博物館　Prehistoric Museum and Laboratory

解剖学博物館がある同じ建物の一階にある博物館です。シリラート病院内に設置された博物館というよりは、研究室に付属する資料室という雰囲気の展示室です。白衣を着た女性が一人訪問者に対応しています。パンフレットによると、この博物館および付属研究室は前マヒトン大学シリラート病院医学部解剖学教室主任、医学部長であったSood Sangvichon名誉教授（医学博士）によって設立され、一九七二年九月二四日に正式に開館しました。

人類学（先史）博物館

しかし、考古学の博物館とはとても言えない展示状況です。研究室の机の上に雑然と一塊にした資料が置かれており、その間を歩いていきます。石器時代のものでは打製石斧が大量に展示（？）されており、合わせて人骨の一部も見ることができます。また新石器時代の遺物では、バンチャン土器といわれる彩色文様が施された土器の破片や接合中のものなどがあります。また土器つくりの道具として、内部からこの道具を当てて作られる当て具が数点、土器つくりの図解とともに展示されていました。

バンコク郊外の博物館

サムット・サコーン　Samut Sakhon

エラワン博物館
ムアン・ボーラン（古代都市）
民俗博物館

バンコクから西へ約三〇キロメートル、タイ湾に面した町です。海岸線に沿って広がる平屋は標高一～二メートルです。サムット・サコーンとは「海、河川の街」という意味です。バンコクに近く、交通機関、輸送手段に恵まれているため、国内外の多くの企業が進出する工業地帯ともなっています。農業資源に富み、長い海岸線を生かして漁業、養殖業、塩田なども盛んです。またベンジャロン村では陶器生産が有名です。

✤エラワン博物館　Erawan Museum

円柱形の建物の上に三つの顔がある象が乗った奇抜な彫像がある博物館です。この象はエラワン象と呼ばれ、レック・ウィリヤバンという人によって考え出されたものです。レックが、自らの古美術品コレクションをタイの財産として保管することを希望したのが、この施設が造られるきっかけでした。コレクションの内容は、タイ人が古来から信仰してきたものが多く、それらは国家と人々に繁栄と幸福をもたらすと信じられていました。

やがてレックは、東洋人の世界観に基づくエラワン象の建物を考案します。建築は、長男のパークピアン・ウィリヤパンに委ねました。ヒンズー教神話で、天上界にいる三つの頭を持つエラワン象はインドラ神（帝釈天）の乗り物であると共に、自由に宇宙をかける象をイメージしたものでした。

下の建物にレック・コレクションが展示されています。レック、パークピアン両氏は博物館の完成を見ることなく他界しました。現在はタイで高級外車の販売を行うベットン・ローグループ財団によって運営されています。なお、次にとりあげるムアン・ボーランもこの財団が運営しています。

エラワン象を含めた建物の高さは四三・六メートル、象の高さ二九メートル、幅一二メートル、奥行三九メートル、象の重量は二五〇トンあるそうです。

地階には、この博物館の建設に関する展示やアンティーク家具、タイの土器、陶磁器などのほか、中国の陶磁器が展示されています。これらの展示品は、色彩が豊富で際立って派手なものが集められているように思えま

ドームのステンドグラス

３つの顔がある象の彫像

銅製の蓮の葉にコインを投げる参詣者

す。

建物上層は大きなドームとなっており、東洋、西洋の古美術品やステンドグラス、漆喰による彫刻など、豪華絢爛という言葉がふさわしい派手な空間が演出されています。両側の階段を昇り、エレベーターで象の胴体部分に上がると、宇宙を描いたテンペラ画や仏像が安置されており、小窓からは下界を見渡せるようにもなっています。

敷地内にも多くの彫刻があり、博物館というよりは新興宗教の本山に来たようなイメージです。ドーム前で祈る参詣者も多いようで、周囲の堀に設置された銅製の蓮の葉の上には参詣者が投げたコインが入っていました。

✻ムアン・ボーラン（古代都市）Muan Boran(Ancient City)

タイ国内の主要な民俗建築を小さくして復元、模造して建てられた建物群によって構成されるテーマパークです。一九六三年に工事が開始されました。敷地面積は一二八万平方メートルあり、敷地全体の形状は、タイの国土に似た形をしています。

パンフレットには「タイの人々にタイ民族としての根元を思い出させる場所」とあります。さらに、歴史の記録として自国の人々に学んでもらうために設立されたともあります。そのためか、中学生、高校生の団体の見学者が

ムアン・ボーラン

目立ちました。

タイ各地方の寺院、宮殿、塔、タイの伝統的な民家、歴史的建造物などが一一六あり、現在も増築中とのことです。園内を巡回している自動車、レンタル自転車がありますが。私たちは最も楽そうなレンタル電気自動車を借りて回ることにしました。これはゴルフ場などにあるカートのようなものです。

園の中央には池が作られ、御座船が浮かべられていますが、実物よりは小さく、装飾も少ないように見えます。また、きらびやかな宮殿の建物も、水中に浮かぶように建てられています。このほかアユタヤなどの廃墟となった寺院や遺跡を復元しており、実際にそこに行ったような錯覚さえ覚えます。

✻民俗博物館　Fork Museum

ムアン・ボーランの一角にある、タイの民家を利用して民俗資料を展示した施設です。

農村で使われた農具、漁業で用いられた漁具や織物の材料と織機などが展示されています。入口では船の保管庫も見ることができます。タイの伝統的な様式に従って建てられた平屋建ての建物が民具の展示場になっています。

まず、まゆから糸を紡ぎ、それを布に織っていくための糸車や織機が置かれています。

次に楽器です。細長くくびれを持つ空洞の円筒で、太鼓のように演奏されるようです。この楽器が二個置かれています。使用法や音色がわか

民俗博物館

民俗博物館の展示

らないのが残念ですが、面白い形をしています。このほか木琴のような打楽器もあります。

隣接する建物は広い平らな板敷きの広間で、舞台のようです。

次の建物には水牛に引かせる荷車が床一杯に置かれています。また同じく水牛に引かせる犂《すき》も壁際に立てかけられており、実際に水田で使用されている様子の写真パネルがかけられています。水田に関してはこのほか、水田と段差がある用水溝から水を揚げるために用いる揚水器があります。日本の近江地域などの米作地帯で広く用いられていた龍骨車《りゅうこし》と全く同じものです。

さらに収穫後の脱穀の際に用いる唐箕《とうみ》も置かれています。唐箕は、人工の風を送って籾殻の中に実(米)があるものとないものを選別する道具で、日本国内の大抵の農家で使用されていたものと同じです。

最後に、池や川で使われた漁の道具があります。竹で編まれたさまざまな大きさの籠は、編み方を工夫して魚を捕るようにしています。子どもの頃に近くの川で、小魚をとった日のことを思い出しましたが、この地方の魚はよほど大きいのでしょうか、べらぼうに大きい竹籠には驚きです。一昔前の日本でも田舎には大抵あった道具と共通するものが多く、懐かしさも手伝って思いもかけずここで長居をしてしまいました。

バンコク郊外の博物館

このほか、瓦を焼く窯や陶器を焼成したレンガ造りの窯が通路脇にあります。ただし、農具などとは異なり、まったく説明板などが見られず、大半の見学者が素通りしていたのは残念でした。

ナコン・パトム

Nakhon Pathon

プラ・パトム・チェディ
プラ・パトム・チェディ僧院付属博物館
国立プラ・パトム・チェディ博物館
タイ・ヒューマン・イメージェリイ・ミュージアム（タイ蝋人形館）
サナーム・チャン宮殿
ローズガーデン
タイ・ヴィレッジ
サンプラーン・エレファント・グランド・ズー

バンコクの北西五六キロに位置し、古くから発展してきた歴史ある都市です。ナコン・パトム県の面積は二一六八平方キロメートル、人口は約七六万人、農畜産業が盛んです。ランドマークとして知られるプラ・パトム・チェディの仏塔は、タイで最大、最古の歴史ある仏塔とされています。

✻プラ・パトム・チェディ　Phra Pathom Chedi

ナコン・パトムの市街地の中心部にある、高さ一二〇・四五メートルの黄金に輝く仏塔は、世界一の大きさを誇っています。この仏塔は、タイ国内最古の礼拝所として創建されました。その時期は、この地方に仏教を普及する使節を送ったアショカ王の時代とされています。使者のソナテラと僧ウトナラが仏教普及の基地としてナコン・パトムを造ったことは考古学的な証拠からも証明されています。そもそも最初の塔は鉢を逆さにしたようなインド様式のものだったようですが、その後、現在のような形に変化していったと言われています。

長い年月のなかで塔は失われ、一八五三年からラーマ四世、五世の二代の王の命令で二〇年余りの歳月を費やして仏塔は再建されました。また、一九七五年四月から一九八一年五月にかけて、総工費一四六二万五三七五バーツ（約六億円）をかけて修復工事が行われました。

正面には金色に輝く巨大な仏像が安置されています。ラーマ六世が皇太子であった頃、北方の遺跡の調査に行ったことがありました。一九〇九年、シーサッチャナーライの古い御堂の地下から壊れた仏像が見つかりました。その仏像は頭と手と足は壊れておらず、表情が気に入った皇太子は、バンコクに持っていくよう命じました。やがて皇太子は即位し、ワチラウット王となります。王は親王に命じて仏像の修復を行い、もとの姿に復元しました。一九一五年十一月二日、本堂の台座に安置されました。

プラ・パトム・チェディ

黄金の仏塔

現在では第一級王室寺院となっています。仏像の台座にはラーマ六世の遺骨が納められており、多くの参拝者が訪れています。二〇一〇年秋には修復のため黄金の仏塔の上に覆いがかけられていましたが、二〇一二年春には修復は終わっていました。

✿プラ・パトム・チェディ僧院付属博物館
Phra Pathom Chedi Museum

プラ・パトム・チェディ境内の一角にある寺院付属の博物館です。プラ・パトム・チェディ寺院の諸仏諸尊に信者から喜捨された陶磁器、宝石、古銭などが山積みされた状態で置かれています。さらに、この寺院で用いられていたと見られる風鐸、行事で使用された太鼓をはじめとする仏具類や、僧侶が用いていた日常容器などが、館内に限らず、館外の軒下にまで雑然という言葉そのままに無造作に置かれています。泥仏の頭部はケース内に納められていましたが、石造仏などはそのまま軒下に置かれていました。しかし、出土地や由来、時代などが書かれたものは見られませんでした。

プラ・パトム・チェディ僧院付属博物館

✻国立プラ・パトム・チェディ博物館　Phra Pathom Chedi National Museum

僧院付属博物館と同じくプラ・パトム・チェディ寺院に近接した一角にある博物館です。建物は平屋建てで、これといった特徴のない、質素なものです。博物館横の敷地にも石造仏などの美術品が置かれていますが、説明板などはありませんでした。

展示室は一フロアのみで、こじんまりとしていますが、パネルを用いて動線配置がしっかりとしており、見やすい内容です。ナコン・パトム地域の歴史を考古学的な遺跡、遺物から紹介していました。写真や建造物の実測図のパネルなどが壁面に掲げられており、出土遺物の展示も見られます。

七世紀から一一世紀にかけて、この地域で栄えたといわれるドヴァーラヴァティ王国の独自の仏教芸術を紹介する展示が多く見られました。とくに等身大の仏立像は、転法輪石彫とともに迫力ある作品です。

プラ・パトム・チェディ寺院に関する内容では、塔の基礎部分の地下から出土した石製の法輪の展示は圧巻です。まるで石の車輪のようにも見えますが、これは転法輪とよばれるものです。仏教の教えが車輪のように転がりながら拡がっていくことを表現したありがたいものなのです。

国立プラ・パトム・チェディ博物館

転法輪石彫

✿タイ・ヒューマン・イメージェリイ・ミュージアム（タイ蝋人形館）

Thai Human Imagery Museum

この博物館は、バンコクの西郊外にあります。カンチャナブリ方面からの帰路にあたる大きな道路に沿っていますので、立ち寄ることもできます。

タイの芸術家であるドウアンケウ・ピタコーンシン氏が一〇数年来にわたって製作してきた蝋人形一〇〇体以上を展示する博物館です。タイの芸術、文化、伝統を保護し、将来に伝えていくことを目的に、一九八九年六月一四日に開館しました。

この種の蝋人形館ではよく見かける世界の有名人、たとえばマハトマ・ガンジーやジョン・F・ケネディ、エルビス・プレスリーやマリリン・モンローなどの蝋人形もありますが、タイ国民の生活とかかわりの濃い場面を歴史、文学、伝統文化からテーマを選んで蝋人形で再現しているのが大きな特徴です。

チケットを買って展示室に入ると、また受付の係員が椅子に座って談笑しています。あわててチケットの半券をポケットから出す人もいるのですが、彼らは全く動きません。それもそのはずで、展示品の蝋人形でした。チェスに興じる人の姿や読書にふける人、居眠りをする人などさまざまな姿がありますが、これも蝋人形です。

タイ・ヒューマン・イメージェリイ・ミュージアム

チャクリ王朝の歴代国王など六名の男性が正装した王族の群像があります。これは国民から親しまれて

生きている人間と思えるほどリアル

いる王室を表現したものです。さらにタイの歴代高僧の像があります。修行中の姿や瞑想中の僧侶は、誰しも寄せ付けない威厳が感じられます。また椅子に座って何事か談笑している僧侶の姿には親しみを感じます。まるで本物の僧侶が目の前にいるような錯覚を覚えます。

館内の展示ジオラマで目を引くのはタイの田舎の人々の習慣、暮らしを表現したものです。家庭の風景では夫婦と子ども二人を連れて野良仕事にでも出かけるのでしょうか。幸せな家庭の温かさがあらわされています。子どもたちが笑顔でゲームに興じている風景では、縁台でゲームに興じたり、お互いにおぶったりしています。そこで表現された子どもたちは個性的で屈託のない笑顔が印象的でした。

人身売買の品定めと思われる場面などがジオラマで再現されています。作者は、タイ社会の抱える暗部、恥部を表現したかったのかもしれません。

✿サナーム・チャン宮殿　Sanam Chan Palace

プラ・パトム・チェディ寺院の近くにあります。二〇世紀のはじめ、ラーマ六世が皇太子の頃に建てられた宮殿です。

とくに洋風の白っぽい高床式宮殿をはじめ、メルヘンチックな中世ヨーロッパ風の建物や伝統的なタイの高床建物など多くの建物があります。そのうちいくつかがパビリオンとして公開されています。もっとも規模の大きい白い建物は、高床式で造られた洋風建築です。各部屋には銀製の食器、あるいはチーク材で造られた豪華な家具や調度品など、かつてこの宮殿で使用されていた貴重な品々が展示されています。

入口近くの建物では、タイのサッカーチームのユニフォームや国際大会でのメダルなど、彼らの活躍ぶりを示す展示が行われていました。

これらの建物の前方には大きな池と、円形の庭が広がっており、市民の憩いの場ともなっているようです。庭の中央にはヒンズー教の神であるガネーシアが高い仏塔の中央に祭られており、ここを通る人々は手を合わせて通過していきます。

宮殿内は公園となっており、散策するのもよし、西洋風のものから伝統的なタイ様式までさまざまな建物を見て廻るのもよいでしょう。

✻ローズガーデン　Rose Garden

二万株もの色とりどりのバラが咲き誇る庭園で知られる緑豊かなレジャー・パークです。園内の中央に大きな池があり、ボート遊びに興じる姿を見る

サナーム・チャン宮殿

ことができます。バラは手入れが行き届いた状態でしたが、咲いている季節でなく残念でした。池から引かれた小川には小舟が浮かび、タイではよく知られている、果物や野菜を売る水上マーケットの舟も見られました。

ガーデンの中央にある大きな池の中央には噴水が、岸辺には伝統的建物や洋風建築の様式で建てられたレストランがあり、伝統的料理などが出されて賑わっています。園路沿いの広場では、象の曲芸やタイの伝統的な舞踊などさまざまなショーや、特産品の民具などの製作体験ができるワークショップもあります。

✿タイ・ヴィレッジ　Thai Village

ローズガーデン内に設けられている野外民俗博物館です。その名前が示すように、タイの田舎の生活、習慣など実際の作業風景を見せてくれる実演型施設です。

入口を入ると、軒下で若者たちが楽しそうにリズムをとってバンブーダンスに興じています。これはタイに残る遊びの一つで、二本の竹の棒を広げたり閉じたりして、その間を挟まれないように縄跳びの要領で飛ぶというもので、リズム感と運動能力が求められます。

次にファーマーズ・ハウスと名付けられた建物があり、農家の作業、特にコメの脱穀作業が行われています。かつて日本の田舎でも多くの村で収穫後に行われていた籾摺り作業です。ここでは籾すり用の臼を使って、農家の人に扮した男性と女性が交互に作業を行っています。観光客に作業体験を勧めているので、参加者は少ないようです。かつての農村での日常作業がここで再現されていることには懐かしさを感じました。

ローズガーデン

タイ・ヴィレッジ

作業場の横には小さな水田があり、田植えなどの作業も行っているようです。裏には復原された農家があり、部屋には炊事道具や寝具などが置かれ、廊下には漁具や運搬用の籠などが無造作に壁に立てかけられています。

農家を過ぎると、タイの武道を演じるコーナーがあります。二人の青年が木刀や木槍で格闘技を披露していましたが、子どもがふざけ合っているようで、とても武芸とまでは………。

少し歩くと、香ばしいにおいが漂ってきます。屋台が出ていたのです。バナナの皮で包んで焼いた伝統的なスイーツのにおいでした。ひとついかがですかと差し出され、恐る恐る口にしました。なかなかの味で、果物独特のほの甘い食感は、どこかで味わったことのあるような不思議な味でした。おかわりを勧められましたが、丁重にお断りしました。

次に手工業のコーナーに向かいました。織物、傘つくり、陶器つくりの作業が行われています。陶器つくりのコーナーでは、インストラクターの指導で簡単な茶碗などが作れるようになっていました。これらを焼く窯は伝統的な形を模した小型のものが

タイ・ヴィレッジ

設置されていました。

タイの伝統的なダンスと楽器演奏のコーナーもありましたが、観客が少なかったからでしょうが、実演はありませんでした。

手工業のコーナーから薬品の香りのするコーナーに行きます。タイ独特の民間療法で用いる幾種類かのハーブを混ぜて布でくるんでタンポ（テルテル坊主の大きめのもの）を作り、それを蒸してから患部に充てて治療するというものです。ここでは治療自体は行っていませんので、調合を実演して見せてもらいました。赤、紫、茶色など五種類のハーブ茶も見学者にふるまわれています。係の女性が効用を説明しています。味は全体に甘く薄めで甘茶に似た味でしたが、香草のにおいがほのかに伝わってきました。

✿サンプラーン・エレファント・グランド・ズー
Samphran Elephant Ground & Zoo

ワニと象が中心の動物園です。園内には大きなプールがいくつもあり、ワニが大量に飼育されています。水中からわずかに頭の一部をのぞかせたワニの姿は不気味の一言です。プールの中央や周囲に作られているテラスでは水から上がって昼寝姿のワニもいます。大きいものでは七〜八メートルに及ぶものもいます。飼育員とワニが格闘する「クロコダイル・レスリング」と称するショーが行われています。これは二人の係員が、ワニを抱き上げたり格闘したりするもので、観客はかたずをのんでその動きを見ています。ショーの終わりには、チップの紙幣がプールに投げ込まれます。

サンプラーン・エレファント・グランド・ズー

入口からワニのプールまでの通路には、象の親子が囲いの中で飼育されており、売店で購入すれば餌のサトウキビを与えることもできます。奥には象の曲芸などのショーを見せる場所もあります。

カンチャナブリ

Kanchanaburi

カンチャナブリ戦争博物館（JEATHミュージアム）
第二次世界大戦博物館
泰緬鉄道博物館
泰緬鉄道使用機関車の野外展示
連合軍共同墓地
日本軍建立の慰霊塔
国立バーン・カオ博物館
プラサート・ムアン・シン歴史公園

バンコクから北西約一三〇キロメートルに位置しており、山と渓谷美あふれる自然の宝庫として知られている地域です。歴史は古く先史時代まで遡りますが、特にこの地の名を知らしめたのは、クウェー川鉄橋でしょう。第二次世界大戦中に日本軍が敷設した泰緬鉄道が通るクウェー・ヤイ川にかかる全長二五〇メートルの鉄橋です。ここを舞台にした映画「戦場にかける橋」で一躍有名になりました。現在、いくつもの戦争博物館や慰霊塔が建てられています。

✽カンチャナブリ戦争博物館（JEATHミュージアム）

JEATH War Museum

第二次世界大戦中に日本軍によって行われた泰緬鉄道建設に関する遺品の数々を保存、展示する目的で、一九七七年に開館した博物館です。博物館の名称となっているJEATHとは、泰緬鉄道建設に関わった国、すなわちJapan（日本）、捕虜兵の国であったEngland（イギリス）、America & Australia（アメリカとオーストラリア）、Holland（オランダ）、タイ(Thailand)のそれぞれの国名の頭文字をとったものです。泰緬鉄道は、別名「死の鉄道」(Death Railway)とも呼ばれ、固い地盤と過酷な労働、さらにはマラリアなどの疫病によって一〇万人以上の犠牲を出したのです。

泰緬鉄道建設は一九四二年九月一六日、タイのノンプラトップで開始されました。第二次世界大戦当初はビルマ・インド戦線への軍需物資はシンガポール経由で海上輸送されていましたが、まもなく輸送が困難となり、日本軍は同盟国タイからビルマへの鉄道輸送を計画し実施することになります。鉄道の全長はタイ側二四三キロ、ビルマ側一五二キロ、総延長三九五キロにもなります。

この工事は、日本やイギリスの技術者は最低でも五年はかかると見積もっ

カンチャナブリ戦争博物館

ていたのですが、日本陸軍は戦局の逼迫から、わずか一六ヵ月の突貫工事を試み、それを多くの捕虜たちに強いたのでした。その甲斐あって、工事開始からわずか一五ヵ月後の一九四三年一二月二五日に開通したのです。短期間の突貫工事に投入されたのは、約三万人の連合軍捕虜と一〇万人以上のアジア人労働者でした。捕虜約一万六〇〇〇人とアジア人労働者一〇万人の大半が疫病などによって死亡しました。このことから「死の鉄道」という名がつけられたのです。連合軍の死亡者の遺骨は、戦後になって生存者の記憶と記録によって集められ、現在カンチャナブリ市内の共同墓地に埋葬されています。

なお戦時中は、日本軍の輸送網を切断するため、この鉄道敷設は連合軍による攻撃の標的となり、何度となく工事が中断され、復旧工事が繰り返されました。

博物館はクウェー川の川岸に建設されています。この川にかけられた鉄橋は、映画「戦場にかける橋」のモデルとなった有名な橋です。映画では木製の複雑な構造を持つ橋でしたが、実際の橋脚とは異なっているようです。

捕虜経験者や関係者の記憶や記録をもとにして、かつての捕虜収容施設が復元されています。粗末な小屋は現地に自生する竹を用いて建てられ、寝起きをする床も竹で造られ、地面が透けて見えます。ここには捕虜が描いた当時の風景のスケッチや写真、武器などが展示されています。また爆撃の際に落とされた不発弾なども置かれています。

現在の橋には、タイ国有鉄道の線路があります。黄色く塗られたディーゼル機関車が一〇両余りの客車を牽引しています。列車が通らないときは鉄橋上に観光客が上がれるのですが、列車が近づいてきても橋上から人々が下りず、列車が最徐行運転しなければならないこともあるようです。運行に支障をきたすことも多いと聞きましたが、これも平和が戻った証しのひとつでしょうか。

✻第二次世界大戦博物館　World War II Museum

クウェー川鉄橋に隣接するように建てられている博物館です。入口には、イギリスで製造され、この鉄道で使用された蒸気機関車が展示されています。長い年月によって機関車の外装は赤茶色の鉄錆に覆われており、かつての勇姿は失われています。

白いビルの一階から四階のフロアが博物館として公開されています。館の外壁には、第二次世界大戦などの各国兵士の実物大の人形が貼り付けられています。展示室には、第二次世界大戦の武器やタイの先住民族が使用した武器などが展示されています。一階のガラスケースには大量のピストルなど銃器が無造作、かつ乱雑に置いてあります。上層階でも似たようなもので、ガラスケース中に刀や槍、そして陶磁器や調度品などがあふれんばかりに並べられています。

第二次世界大戦博物館

別棟の建物の二階には、宝石の原石や一部の宝飾品、さらに貴族階層が身につけていた派手な色彩のドレスやバッグなどを集めて展示していますが、照明が暗く、展示品がよく見えないのが残念です。

反対側にも展示館があります。一階では第二次世界大戦でのクウェー川鉄橋をめぐる悲惨な状況が展示されています。工事に使用された貨車や、軍用の乗用車、オートバイなどとともに、クウェー川鉄橋周辺での爆撃や工事の状況が実物大のジオラマで示されています。この館はクウェー川に面しており、鉄橋が手に取るように眺められます。

これらの展示室の建物とは別に小さな建物があり、先史時代の石鏃や石斧などの石器類をはじめ、青銅器、土器など遺跡から出土したと見られる遺物が展示されています。

入口付近にはミュージアム・ショップがあります。鉄かぶと（ヘルメット）、認識票がありました。日本軍、オーストラリア軍の兵士が実際に身につけていたもので、おそらく遺品ではないかと思います。ちなみに値段は日本兵のものがわずかに高価でした。

✻泰緬鉄道博物館　Thailand/Buruma Railway Museum

連合軍共同墓地と細い道路を隔てて立つ白亜二階建ての建物が博物館です。正面には、泰緬鉄道の別名でもある「DEATH RAILWAY」と、ここが調査記録センターであることを示すように「DEATH RAILWAY MUSEUM AND RESEARCH CENTRE」と英語の大文字で表記されています。

館内に入ると、まずチケット売り場とミュージアム・ショップがあります。

ギャラリー1は「泰緬鉄道建設へ」がテーマです。日本によるアジア・太平洋地域への領土拡大に伴い泰緬鉄道が建設されるに至った背景を見ます。日本軍占領下における捕虜の輸送、ビルマへの侵攻とビルマへの地上補給路の確保などから建設が立案されたことがわかります。

ギャラリー2「鉄道計画と建設」では、鉄道建設当時の絵画、写真、鉄道跡から発掘された品と復元された道具類が並んでいます。

泰緬鉄道博物館

ギャラリー3は「泰緬鉄道沿線の地形」がテーマです。ここでは立体地形模型が使われ、クウェー川に沿った泰緬鉄道と捕虜収容所をイルミネーションによって表示しています。鉄道建設の映像記録も見ることができます。

ギャラリー4は「収容所における生活」です。収容所では食料の不足、移動の制限などがあり、激増する死者、収容所跡からの発掘品や写真の示す収容所の模様などがあります。

ギャラリー5は「医療」がテーマです。病気と医療、急場しのぎの医療という展示が見られます。

ギャラリー6は「代償」がテーマです。死者の総数、死者への敬意、死亡した捕虜に示した日本軍の意外な敬意などがその内容です。

ギャラリー7「鉄道の完成」、ギャラリー8「爆撃そして破壊」と続き、最後にギャラリー9では「戦後」がテーマとなっています。捕虜、労務者の本国送還、墓地探索、連合軍墓地建設、さらに泰緬鉄道の終焉で結ばれています。

ギャラリー1〜6は一階、ギャラリー7〜9は二階展示室です。

二階は展示室が半分で、残りの半分はコーヒーショップとなっています。ここでも泰緬鉄道建設に関連するＤＶＤや写真集などが販売されています。

✽泰緬鉄道使用機関車の野外展示

この博物館からクウェー川鉄橋駅のカンチャナブリ駅側に蒸気機関車が野外展示されています。第二次世界大戦博物館の前に置かれていた英国製の蒸気機関車がかなり傷んでいるように見えたのに対し、ここでは塗装も鮮明で外見上はかつての勇姿をしのばせています。

泰緬鉄道使用機関車の野外展示

なお蒸気機関車の一つはヘッドマークに「C56」とあり、日本で製造された蒸気機関車C56であることがわかります。また線路工事用の自動車を線路上に走らせるため、車輪部分を鉄道仕様にした特別なものも見られます。

✽連合軍共同墓地　Kanchanaburi Allied War Cemetery

道路に沿ってクウェー川鉄橋に向かって行くと、左手に白い墓地のゲートがみえます。墓地の中は芝生で養生され、手入れが行き届いた噴水のある美しい墓地です。ここには泰緬鉄道建設工事に駆り出され死亡した連合軍の捕虜六九八二名の兵士が埋葬されています。

連合軍共同墓地

✻日本軍建立の慰霊塔　Memorial of The Death in Battle

昭和一九年二月に日本軍鉄道隊が、泰緬鉄道建設工事によって犠牲になった捕虜や徴用された人々の慰霊のために建てた石塔です。カンチャナブリ戦争博物館から少し歩くと、緑の木々に囲まれた狭い広場の中に、この石塔はあります。

訪れる人も少なく、ひっそりとしていますが、傍らで老女が線香を手渡しています。また慰霊碑の側面には、次のような文がタイ語、英語、日本語で刻まれています。

「この慰霊碑は、第二次世界大戦中泰緬鉄道建設に従事し亡くなられた連合国軍並びに関係の方々の霊を慰めるために、昭和一九年二月、当時の日本軍によって建てられたものであります。在タイ日本人有志は、毎年三月、亡くなられた方々の霊を慰めるためにここに集まり慰霊祭を行っております」

また石塔の正面には、日本人によって供養されたことを示す慰霊の板塔婆がいくつも建てられていました。

日本軍建立の慰霊塔

✻国立バーン・カオ博物館　National Museum　Ban Kao

カンチャナブリの市街地から少し足を延ばして、クウェー川上流にある博物館を訪ねました。静かな林の中に平屋建ての建物がありますが、訪れる人は少ないようです。館の正規職員は不在でしたが、せっか

国立バーン・カオ博物館

くここまできたのだからと、同行のタイ人ドライバーが交渉してくれたおかげで、館内の見学ができました。

　バーン・カオ遺跡は泰緬鉄道の建設中に発見された先史時代の遺跡で、第二次世界大戦終了後に地元タイとデンマークの考古学者グループが調査を行い、石器など多数の遺物が発見されました。それらは二〇〇〇年から四〇〇〇年以前のもので、装飾品や人骨などが展示されています。通路に展示されている長さ二メートル前後の四〇〇〇年前の木製の棺は、太い丸木をくり抜いて作られたもので、両端が加工されて突起が見られます。

　展示室では、ケースに入れられた青銅製の透かし彫りの見られる首飾りや腕輪などをはじめ家畜の首に吊るした青銅製のベルや三足の壺型土器など珍しい形をした興味深い石器時代の考古遺物が多く見られました。

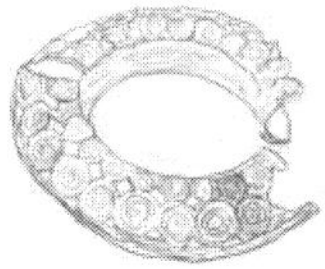

腕　輪

4000年前の木製の棺

三足の壺型土器

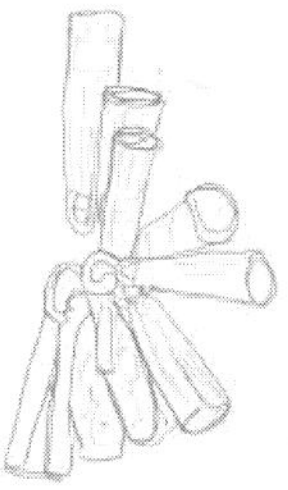

青銅製のベル

✻プラサート・ムアン・シン歴史公園　Prasat Muang Singh Historical Park

カンチャナブリーの北西に、クメール文化の繁栄を知ることができる遺跡が発掘調査によって確認され、歴史公園として公開されています。

公園内には、いくつかの建物が復元されています。同じクメール民族によって形成され、統治者も同じであったこともあり、アンコール・ワットやアンコール・トムなどのカンボジア・アンコール遺跡群によく似ています。とくにラテライトで構築された建物は共通する特徴とも言えるでしょう。

この公園の中心部に、この遺跡から出土した遺物を展示する小さな展示室があります。ここにはクメール文化の色濃い石造仏や瓦などの窯業製品などの出土遺物が展示されています。また館外には、建造物や石仏の破片が集められていましたが、これらが、かつての姿に復元される日があるのでしょうか？

プラサート・ムアン・シン歴史公園

アユタヤ
Ayutthaya

ワット・チャイ・ワタナラーム
ワット・プラ・ラーム
ワット・プラ・モンコンポーピット

バンコクの北八七キロに位置するチャオプラヤ川とその支流の川によって囲まれた中州に形成された町です。一三五〇年ウートン王によって建てられて以来、その絶頂期には領土はカンボジアからビルマまで及んでいたとされていました。一七世紀には東アジアとヨーロッパを結ぶ国際的な貿易都市として繁栄しました。しかし度重なる周辺諸国との交戦によって、一七七六年ビルマに滅ぼされました。かつて繁栄を誇ったアユタヤの地域には王宮をはじめ多数の遺跡が残されており、一九九一年ユネスコの世界遺産に登録されました。

✤王宮跡　Grand Palace

現在、王宮跡には建物の基礎しか残されていません。アユタヤのウートン王は、一三五〇年に新たにこの地に王宮を建設しました。最初の宮殿建物は一四二六年火災によって焼失しましたが現在の地に再建されます。以来、歴代の王によって増築が繰り返されてきましたが、一七六七年ビルマの侵攻によって破壊し尽くされました。

現在は、かつての王宮の地に建てられたプラ・シー・サンペット寺院の塔や建物が一部残されています。

✿アユタヤ歴史研究センター　Ayutthaya Historical Study Centre

一九九〇年八月、日本とタイの修好百年を記念して建設された、アユタヤの歴史を研究、紹介する施設です。オニ蓮と睡蓮が咲き誇る人工の池の中にモダンな建物が浮かんでいるように見えます。

玄関には、この歴史研究センターが日本政府の協力で建てられたことを示す記念板があります。入口を入ると、煉瓦で作られたモニュメントがあり、その上に銅版に刻まれた地図が置かれています。さらに進むと冷房が効いた展示室になります。正面には、アユタヤの歴史とともに変貌してきた市街地の簡単なジオラマがあります。さらに左右にはテーマ展示が続いています。

展示テーマは「王都アユタヤ」「港湾都市アユタヤ」「政治権力と統治の中心アユタヤ」「昔のタイの村人の生活」「アユタヤと諸外国の関係」の五つに分かれています。

「港湾都市アユタヤ」のコーナーでは、中世のアユタヤで交易された珊瑚《さんご》や香辛料、陶磁器などが実物あるいはレプリカによって紹介されています。香辛料は小さな瓶に入れて並べられていますが、その匂いや味はわかりません。さらに、一五〜一六世紀にこの地域に往来し活躍した貿易船の模型が展示されています。

「ポンヘット砦」のジオラマは、フランス人宣教師ジャン・ド・クールウィンが描いた地図を元に復元されたもので、チャオプラヤ川とパサック川の合流地点で栄えた港湾都市の様子がよくわかります。

「昔のタイの村人の生活」のコーナーでは、出産、子どもの剃髪、

アユタヤ歴史研究センター

結婚、葬儀という人生の通過儀礼を一五〇分の一のジオラマでわかりやすくコンパクトに紹介しています。また伝統的なタイの高床住居を実物大で復元し、内部に食器や什器も配置し、生活感を出しています。

✤日本人町跡　Japanese Village

この一帯には、アユタヤ歴史研究センター分館、泰日協会展示館、山田長政の墓、日本人町の石碑などがあります。

黒っぽい板石の石碑には「アユチャヤ日本人町の跡」と刻まれています。その周りはステンレス製のポールで囲まれています。このほかには、ここが日本人町であったことを示すものは何も見当たりません。入口側には白い近代的な平屋の建物があります。これはアユタヤ歴史研究センター分館の展示施設です。

山田長政の墓（？）

タイの日本人町の歴史の中で指導者として名前が知られているのは、オークプラ・純会（一六〇〇〜一六一〇年）、城井久右ヱ門（一六一〇〜一六一七年）、山田長政（一六一七〜一六三〇年）、糸屋多右ヱ門・平松国助（一六三三〜一六四〇年）、木村半右衛門・アントニオ善右衛門（一六四〇〜？）です。

このうち最も有名なのが山田長政です。日本人義勇隊長としてソングタム王の寵愛を受け、爵位をさずけられました。一六二八年に王が死んだ後は二人の王子に忠誠を尽くしました。南タイのナコン・シータマラートで叛乱が起こった時、彼は都を離れ叛乱軍を平定します。その後、同地の太守となりましたが、まもなくその地で亡くなりました。この死については謎で、毒殺されたという説もあります。この山田長政の墓といわれるものがこの敷地内にあります。小さな祠で、布に巻かれた塔のようなものがあります。

同じ敷地の中にあるタイの日泰協会が運営するショップには、山田長政の銅像があります。等身大よりは少し小型のブロンズ像ですが、伝統的なタイの服装と冠を着用した像です。販売されているものには日本語の解説がつけられており、販売員によると、大半の商品は日本で買うと数倍はするそうです。

なおこの売店のそばをチャオプラヤ川が流れています。二〇一一年にはこの川が氾濫してここも大きく冠水しました。二〇一二年春に訪問した際には、水位が一メートル近くあったことを示す痕跡が残されており、あの売店は姿を消していました。日本庭園も水は引いていましたが、浸水時にはほとんど水中に没していたとのことでした。展示館は、幸いやや高い位置にあることから冠水は免れたとのことで、外部に展示してある鉄製の船の模型がちょうど海に浮かんだ状況だったと館員は話してくれました。

✽アユタヤ歴史研究センター分館　Ayutthaya Historical Study Centre

アユタヤの日本人の軌跡を展示している施設です。

入口近くにガイダンス・ホールがあります。ここでは映像でアユタヤと日本人とのかかわりを解説しています。

正面には、かつてのアユタヤの地図が壁面全体を使ってパノラマで展開されています。この地図はナーラーイ王の時代の一六六三年、オランダ人のダーフィット・フィンボーンとヨハネス・フィンボーンによって油絵で描かれたものです。この地図はユデアと呼び、アユタヤを描いた最も古く美しい地図とされています。レンガの城壁に囲まれた、寺院、王宮、さらにはレンガを敷き詰めた道路や網の目のように張り

アユタヤ歴史研究センター分館

展示室

巡らされた運河などが細かく描かれており、まさに「東洋のヴェニス」という表現が当てはまるようです。原本はオランダ・アムステルダムの国立博物館に収蔵されており、オランダの東インド会社の本社大会議室（一七人の重役会）に飾られていたそうです。

　展示室には、当時の陶器や毛皮、象牙などがうず高く積まれた倉庫風のジオラマがあります。これは当時のアユタヤの日本人町で交易されていた商品で、世界各地に輸出されていました。このほか日本刀や扇子が日本的なものの象徴としてガラスケースに展示されています。また、長崎県平戸市松浦史料博物館所蔵の「異国船絵巻」に描かれた、当時活躍した中国や日本など各国の貿易船を、銅板に焼き付けたものが館外に展示されています。

✤チャオ・サン・プラーヤ国立博物館　Chao Sam Phraya National Museum

　広々とした敷地の奥にある白亜の二階建ての建物が博物館です。側面のテラスには三点の石製仏頭が展示されています。いずれも顔面の一部で、完全な形で残っていれば相当大きな仏像でしょう。

チャオ・サン・プラーヤ国立博物館

一階の展示は仏像が中心です。石像、銅像が多く見られ、三〇～四〇センチメートルの小型の仏像には表面に金箔が残っています。二階とは中央部が吹き抜けとなっており、周囲のテラスには、スンコロクなどの陶磁器、青銅製の小型容器、玉製品などがケースに展示されています。また左右には大きな仏像を配置し、細長いケースには青銅製の押出仏が復元作業の写真パネルなどと共に展示されています。さらに左右の部屋には、鳥や馬を形どった板状の金銅製品が集められています。

小型の仏像

このほか、大型の壺や高さ二メートルにも及ぶ仏塔など金色に光り輝いている豪華な金製品が並べられています。詳細な説明は付けられていませんでしたが、いずれもアユタヤ地域の寺院から出土したものです。

✿チャンタラカセーム国立博物館 Chantarakasem Palace National Museum

白く塗られた塀に周りを囲まれた城塞のような建物です。一五七七年に、マハータンマラーチャー王が、当時の副王であったナレースワン王子のために建設した宮殿です。また、ナレースワン王がピサヌロークを統治していた時期には、時々アユタヤに戻って、この宮殿に滞在したそうです。王の近侍の貴族たちからは「梅檀《せんだん》の宮殿」と呼ばれていました。香りの良い梅檀の木で建物が建てられていたことに由来します。

　ビルマ軍の侵攻によって、この宮殿は破壊されてしまいますが、ラーマ四世によってその一部が修復されました。元の姿にはなりませんでしたが。この宮殿の名前を、チャンタラカセームと表現したのはラーマ四世でした。ラーマ五世も、バン・パイン宮殿の再建が終わるまでの間、夏の離宮として使っていました。

　また一時期、役所の事務所として使われたこともありました。一九三六年からは現在のように博物館として公開されています。入口の左手にある建物は四面休憩所と呼ばれています。四方に出張りの部屋を持つ独特の形をした建物で、二棟が連なっています。ラーマ四世によって建てられたもので、アユタヤ滞在中に執務、謁見用と居間として使用されました。室内には中国様式の黒檀の家具や調度品が置かれており、仏像も展示されています。

　次の建物群はピーマンラッタヤー宮殿の建物で、三棟から構成されています。アユタヤ時代の仏像が展示されています。左手奥には白い四階建ての建物があります。ピサイサンラヤラック宮殿です。訪問時には基礎部分が冠水しており、水に浮かぶ塔という雰囲気でした。星を観察するため、ラーマ四世がナーライ時代の古い土台を生かして建てた天文台

チャンタラカセーム国立博物館

ピサイサンラヤラック宮殿

です。

また右手奥の展示室は、ラーマ五世の時代にアユタヤ州の地方事務所として建てられた建物です。ここには、金箔を施した木彫仏をはじめ、石仏、陶器などのほか、経典を収納した美しい文様が施されている漆塗りの経箱や、民俗資料などが多数置かれています。ただ残念ながら展示品の解説などはほとんど見られませんでした。

✿バン・パイン宮殿（夏の離宮） Bang Pa-In Palace

アユタヤが栄えていた頃には各国の交易船がチャオプラヤ川を往来し、大変な賑わいを見せていました。そのアユタヤから、チャオプラヤ川を南へ二〇キロ程度下った中州に構築されたのがこの宮殿です。夏の王宮とも呼ばれています。

この宮殿はプラサート・トーン王によって、一六三二年に建てられました。以来、アユタヤ王朝の王によって、離宮として利用されてきました。やがてアユタヤ王朝が滅亡し、この宮殿も荒廃しました。

その後ラーマ四世によって離宮が再建されました。王宮の敷地内には、大きな池を中心に、中島とその周囲にタイの伝統的な建物、中国風の建物、西欧式の建物などさまざまな様式の建物があります。いずれも興味をひくものばかりです。

入口から間もなく池の中に豪華な金色に輝くタイ様式の建物アイサワ

バン・パイン宮殿の建物

ン・ティパート御殿があります。バンコクの王宮にあるアーポーンピモーク殿を模しています。中央部に陸軍元帥の軍服姿のラーマ五世の立像が安置されており、「水上の宮殿」とも呼ばれています。

中央の島にある中国風の建物はウェーハートチャムルーン御殿（天明殿）と呼ばれています。一八八九年に華僑たちが出資してラーマ五世に献上したもので、資材や大工彫刻飾りなどすべて中国から輸入して建築されました。朱色に塗られ、青色のタイルが貼られた豪華な内部には玉器や陶磁器などが置かれています。

ウィトゥーン殿望楼は、池の中島にあるひときわ高く目立つ円柱形の塔です。この塔は一八八一年に完成した物見のための塔です。

ラーマ五世のスナンター王妃の追悼碑が建てられています。バン・パイン宮殿に向かう途中、王妃の乗った船が沈没し、妊娠中の王妃がなくなりました。それを悼んでラーマ五世が建てたものです。その隣にはサオワパーク王女と三人の皇子のための碑も建てられています。

このほかにも、宮殿内には、夏の離宮として使用されていた頃には王族の宿舎などに宛てられていた多くの建物があります。

ウィトゥーン殿望楼

バン・パイン宮殿の建物

世界遺産　アユタヤの寺院

✻ワット・マハタート　Wat Mahathat

アユタヤのみならず、タイのほとんどガイドブックに写真が掲載されている寺院です。トンボの木に挟まれた石製仏頭がある寺院です。

この寺は、ブッダの骨（仏舎利）を納めるために一三七四年にボロム・ラーチャー一世によって創建されました。しかし、創建年代は一三五〇年以前とする説やラーメスアン王によって建てられたという説もあります。

かつては黄金色に輝く仏塔（チェデイ）は高さが四四メートルあり、一六三三年プラサート・トン王の修復により、高さは五〇メートルとなりました。やがてビルマ軍の侵攻によって仏塔は破壊されてしまい、現在では寺院の痕跡をとどめるのみとなっています。

一九五六年には寺域内の発掘調査が行われ、貴重な宝飾品など多くの遺物が発見されました。これらの宝飾品などの遺物は、現在チャオ・サン・プラーヤ国立博物館に展示されています。

トンボの木に挟まれた石製仏頭

なおトンボの木に挟まれた仏頭の周囲を保護する囲いはかつては簡単なつくりでしたが、よほど観光客のマナーが悪いのでしょうか、最近では頑丈な金属製の柵が巡らされています。また注意書きの立札もありますが、タイ語がわからない者にとっては単に邪魔な障害物にすぎません。

✻ワット・ロカヤスタ　Wat Lokayasutha

仏塔や礼拝用の建物はまったく見られない寺院です。露天に高さ五メートル、長さ二九メートルという巨大な寝姿（涅槃）の石像が見られるのみですが、これは一九五六年タイ芸術局によって復元されたものです。この涅槃仏の背後に廃墟となった寺院があります。

仏像の前には、小さな線香台と花立を設けた建物があります。道を隔てた売店で、生花と線香、小さな金箔のセットが販売されています。花と線香はともかく、金箔は石像の身体に貼付するものですが、巨大な体を覆うには、相当期間がかかりそうです。

巨大な寝姿（涅槃）の石像

✻ワット・プラ・シー・サンペット
Wat Phra Sri Sanphet

一三五〇年、ウートン王が新たにアユタヤ王国を建国しました。王国の中心地域に王宮が置かれ、その

ワット・プラ・シー・サンペット

南に隣接して王宮を守護する寺院が建てられました。この寺院は国王直属で、アユタヤ王宮にとってもっとも重要な寺院でした。僧侶は常駐していませんでした。寺院のある場所はもともと国王の御所でしたが、トライローカナート王が一四四八年に土地を提供してシー・サンペット寺院が創建されました。しかし後にビルマ軍によって侵略され、見る影もないほど破壊されました。

一六世紀には高さ一六メートル、使用された黄金の重量一七一キロという黄金仏が建立されていたそうです。

✽ワット・ラーチャブラナ　Wat Ratchaburana

アユタヤ歴史公園内に含まれる寺院の一つです。王位継承の争いで敗れた二人の兄王子のためにボリム・ラーチャシラット二世が一四二四年に創建した寺院です。仏塔などは、ほかのアユタヤの寺院と同じく、ビルマ軍によって大半が破壊されました。現在は、中央に設置されていた礼拝堂の柱や壁、仏陀像がかろうじて残されていますが、礼拝堂の壁は傾いており、今にも倒れそうで廃墟そのものです。また、ところどころに石仏が無残な姿で放置されています。かつては多くの人々の崇敬を集めていたものだったのでしょう。

礼拝堂の背後にそびえる仏塔は、先端部や側面などが大きく崩れていますが、崩れた仏塔の随所に、かつての名残りが見られます。側面の階段から塔の内部に入り、長い階段を降りていくと地下室に出ます。

地下室はライトアップされており、幽玄の世界に迷い込んだようです。

　ドーム状のカーブを描く仏龕《ぶつがん》の天井とその周りの壁は、ところどころ剥落しており、全体像はわかりません。しかし目を凝らして見ると、鳥や植物、仏像などが極彩色の壁画が残されています。これはタイ最古といわれています。寺域の発掘調査で出土した多くの貴重な宝飾品などの遺物は、現在、アユタヤにあるチャオ・サン・プラーヤ国立博物館に保管されています。

ワット・ラーチャブラナ

ワット・ヤイ・チャイ・モンコン

＊ワット・ヤイ・チャイ・モンコン　Wat Yai Chai Mongklon

　アユタヤの初代ウートン王はがセイロン（現在のスリランカ）に留学し帰国した僧侶のために一三五七年に創建した寺院です。一五九二年には、ビルマ王子と象に乗っての戦いで勝利した記念に高さ七二メートルの大きな仏塔を記念に建立しました。この塔は、アユタヤ地域では最大のもので、塔の中央部が釣鐘型のスリランカの様式をしており、チャイ・モンコン仏塔と名付けられ、通称ヤーイ仏塔とも呼ばれました。これらの塔の名前が、この寺院の名称ともなりました。

　広い境内には、これらの仏塔に向かって、取り囲むように多数の仏像が安置されています。

✿ワット・チャイワタナラーム　Wat Chaiwatthanaram

アユタヤの遺跡の多くが位置する中州部分ではなく、チャオプラヤ川に面している仏教寺院です。この寺院は一六三〇年にプラサート・トーン王が母親のために創建したものです。とくに隣国クメールとの戦勝を記念して中央の仏塔はクメール様式で建てられています。中央の大きな仏塔を中心に、まったく同じ形状の小さな仏塔が四基取り囲んでいます。さらにその周囲には八基の仏塔が見られます。しかし一七六七年に侵攻してきたビルマ軍によって破壊されてしまいました。

先のチャオプラヤ川の氾濫による水害では、基壇の部分がすべて水没していたことが、残された痕跡からわかります。現在もなお排水作業が続いていますが、水没の痕跡はわずかで、ほかはすべて復興されています。正面の道路側にかつての創建時代の伽藍を復元した模型がガラスケースに入れられています。

✿ワット・プラ・ラーム　Wat Phra Ram

一三六八年、二代王ラームスエン（ソムデッチ・プラ・ラーメスワン）によって創建されたクメール様式の寺院です。この地はかつ

ワット・チャイワタナラーム

て、初代王のウートンの火葬場でした。その後、二人の王によって改修工事が行われました。現在見ることができるのは、その後半のプラチャオユーファ・ボロマコート王の時代の様式によって構築されたものです。

この寺院の塔はひときわ高く、大きく立派で、市街の各所から見ることができます。

✤ワット・プラ・モンコン・ボピット　Wat Phra Mongkhon Bophit

アユタヤの中心部に位置する王宮跡の南、ワット・プラシー・サンペットの西南にある寺院で、廃墟の中にある本格的な寺院という印象です。この寺院の名前はここに祀られているアユタヤ様式の巨大なブロンズ仏像の名前に由来します。かつては正方形の建物に安置されていましたが、スア王の時代に落雷のため、屋根が崩れ落ち、同時にブロンズの頭部も損壊したと記録されています。やがてラーマ五世の時代に修復されました。現在の建物は二〇世紀初頭に陸軍元帥ピブソンカラームの指揮によって再建されたものです。

ワット・プラ・モンコン・ボピット

パタヤ　Pattaya

ミニ・サイアム
ボトル・アート・ミュージアム
リプリーズ・ビリーブ・イット・オア・ノット！博物館
カオカオ・オープン・ズー（カオカオ動物公園）
アンダーウォーター・ワールド・パタヤ（水族館）

バンコクの東南一六五キロ、タイランド湾に接して位置する高級リゾート地です。元は小さな漁村だったのですが、一九六〇年代のベトナム戦争の際、アメリカ軍が隣接するラヨーン県の空軍基地ウータバオを使用したことから、帰休兵の保養地として開発されました。それ以来、バンコク近郊のリゾート地として整備され、多くのショッピングセンター、レジャー施設やテーマパークが作られてきました。

✽ミニ・サイアム　Mini Siam

全世界の代表的な建造物、文化遺産を縮小して復元した、いわばミニチュアの世界です。正面ゲートは、ヨーロッパ風の城を表現したもので、頂上にはタイの国旗が掲げられています。

入口を入ると正面にフランス・パリの凱旋門、その奥にエッフェル塔とその背後にシャイヨ宮殿の建物が見られます。凱旋門の下には七人の通行人や観光客が表現されており、それによって凱旋門の大きさがわかります。左手には韓国の南大門があり、門の入口付近は多くの通行人が見られます。ブルーやレッドなどのカラフルな民族衣装をまとった姿も目立ちます。子どもから老人まで精巧に作られています。左手の奥側にはオーストリア・ウィーンにあるヨハン・シューベルト像のミニチュアを見ることができます。

一方、右手を見ると、小さな池に向かって口から水を噴き出す、シンガポールの象徴マーライオン、さらにオペラハウス、イギリス・ロンドン塔などがあります。さらに左手に進むと、イタリア・ローマのコロセウム、アメリカ・ニューヨークの自由の女神像、カンボジアのアンコール・ワット、中国の天壇など著名な世界遺産のミニチュアを目の当たりに見ることができます。

いずれもなかなかの出来栄えで、わずかな時間で世界中の遺産を見て回ることができます。しかし地域的なまとまりや距離感がなく、韓国とオースト

韓国の南大門

ミニ・サイアム

リア、フランスが隣接していることなどは、地理の勉強には到底ならないでしょう。いずれにしても、これらは実物を縮小した模型で、まるで自分がガリバーのように巨大化したような錯覚にとらわれるかもしれません。

✿ボトル・アート・ミュージアム　Bottle Art Museum

キングストンアカデミーという美術専門学校の校内にある博物館です。校内の建物は奇抜なものやカラフルなものが目立ち、いかにも芸術の学び舎であると感じます。ボトル・アートを専門に展示する博物館はおそらく世界中にも例がないでしょう。

受付でチケットを購入すると、小さなボトル・アート作品がプレゼントされます。展示室は四室から構成されており、二〇センチ前後の飲料水のビンや四〇センチ前後のウイスキー瓶など多種多様な瓶の中にタイの伝統的な建物が見事に作り上げられています。またこの種の作品によく見られる帆船なども少しはありますが、大きく下方が膨れたビーカー状の大型瓶にヨーロッパの古城を組み立てたものは、口の狭さからみてもかなり難度が高いはずで、感心させられました。

ボトル・アート・ミュージアム

✻リプリーズ・ビリーブ・イット・オア・ノット！博物館
Ripley's Believe It or Not Museum

海岸線に面して作られた大きなショッピングセンター「Royal Garden Plaza」の二階に作られた五つの異なる構成のアミューズメント施設です。この施設は、世界中の十一ヵ国に博物館を展開するリプリー・エンタテイメント社のアジア第一号館としてオープンしました。入場券は、いくつかを選んで入るものと全てに入場し見学・体験できるものとがあります。

蝋人形館「LOUIS TUSSAUDS WAXWORKS」では、オバマ米国大統領をはじめ、ジャッキー・チェン、ダイアナ妃、毛沢東などの実在の有名人物とハリーポッターなどの映画の主人公など多彩な像を見ることができます。しかし人物の名前が思い浮かばないものや全く顔に覚えのない人物も少なからずあります。

次の館は、ガラスのミラーで囲まれた迷路です。入口で白い布手袋とポリ袋のような靴カバーが渡されます。手袋は手の油や汚れでミラーを汚さないようにするためですが、靴カバーも床板やミラーを傷つけないようにするためのようです。内部はほとんど真っ暗で、手探りで出口を探すという趣向ですが、かすかな光は自分の影を映すのには有効ですが出口を探すのには向いていませんん。何とかあまり時間をかけずに出口にたどり着きましたが、相当冷房が効いていたにもかかわらず、全身汗をびっしょりかいて

リプリーズ・ビリーブ・イット・オア・ノット！博物館

いました。

次の館は、いわゆるお化け屋敷です。何かが飛び出すというような仕掛けはなく、ただ妖怪らしきもののマネキンやジオラマが配置されて恐怖心をあおるだけというものでした。

次のコーナーでは、墜落した飛行機の操縦席に残された人骨、体内を貫いた杭をそのままに横たわる男性、世界一重い人物など、世界中の珍事や特異な事件に取材した展示です。ジオラマによる展示ですが、新聞報道そのものを推定復元してパネル展示している部分もあり、これらは現実にあった事件であることを強調しようとする意図が見えます
このような実在の事件に取材したものとは別に、マッチの軸一〇〇万本で作ったというタイタニック号らしき商船模型など、にわかには信じがたい展示品もいくつか見られます。

さらに、アンモナイトの化石や石器時代のバンチャンの彩文土器の破片や石器など考古学上の遺物を並べているところもあり、すべてが復元品によるジオラマばかりの世界とはいえないのかもしれません。

✽カオカオ・オープン・ズー（カオカオ動物公園）
Khao Kheow Open Zoo

深い森林の中に作られた動物園です。広大な園内に、一見放し飼いのように見えるのですから、サファリパークという表現があたっているかもしれません。ゲートで内部の見学専用の電動自動車が用意され

カオカオ・オープン・ズー

ていましたが、これは団体用で、個人客は自家用車で回るか徒歩でとのことでした。私たちは時間の都合もあって、ここまで乗ってきた車で園内を回ることにしました。

舗装された園路に沿って走っていくと、柵や堀に囲まれた中に象やヤギ、羊、水牛などが、放し飼いになっています。日本のサファリパークとは異なり、ライオンやトラなどの肉食獣は檻の中に厳重に入れられて飼育されているか、周囲にとても越えられないほどの堀が掘られています。それらの堀や柵も、動物が乗り越えられないだけの距離をとっています。放し飼いとはいえ、観客に極端に近づくことはありませんが、危害が及ばないように十分な安全策がとられているようです。

✻アンダーウォーター・ワールド・パタヤ（水族館）

Underwater World Pattaya

パタヤの市街地に設置されている水族館で、二〇〇三年八月にオープンしました。タイを中心に近隣諸国から収集された約二〇〇種、四五〇〇匹以上の魚が見られます。

入口を入ると海がめの水槽があり、「Save Sea Turtle」と書かれた海がめの写真が目に入ります。水槽には数匹の海がめが泳いでいます。地下の大きな水槽では海の魚類が飼育されています。水槽の中に半円形のトンネルが通り、頭上を魚が遊泳しています。日本の水族館でもよく見かける光景です。

小型の水槽ではエンゼル・フィッシュなどの熱帯魚を見ることが

アンダーウォーター・ワールド・パタヤ

できます。また淡水魚の水槽では、巨大なアロワナ、口に特徴のあるスポットテッツカーなどアマゾン原産の淡水魚が悠然と泳いでいます。

あとがき

アクセスも良く、日本から近いこともあって多くの日本人がタイ王国各地を訪れています。しかし、博物館に特化したガイド本はこれまで見当たりませんでした。

執筆前の取材を始めてから実に十年近くが経過し、最初の頃の取材データは賞味期限切れとなってしまったものもあり、数度にわたって追加取材に出かけました。各博物館とも、それぞれ計り知れない魅力があり、ぜひ訪ねていただきたい施設ばかりです。そのための予備知識を得るための一助になれば望外の幸せです。

本書の原稿完成間近の二〇一一年、タイ・バンコクを未曾有の洪水が襲い大きな被害を出したことは記憶に新しいところです。被害を被られた方々には心からお見舞い申し上げます。本年春に訪問した際にはあちこちに被害の痕跡が残されてはいましたが、既に力強く立ち直りを見せている人々や街並みが広がっていました。

本書の執筆にあたって多くの方々のお世話になりました。各都市の旅行会社の方々はもとより、見学行を共にしていただいた前田弘隆、中村善文氏には、わがままを通して迷惑をおかけしたことをお詫びし、厚く感謝の意を表したいと思います。また本文の構成、校正でお世話になった藤川大、松本新氏にも感謝します。また各社のガイドブックや巻末に示した参考文献も旅行の企画段階から大変参考にさせていただき、かつ見知らぬ土地での見学行程遂行にたいへんお世話になりました。また、文章校閲など適切なアドバイスをいただいている芙蓉書房出版の平澤公裕氏に厚く感謝します。

二〇一二年八月

中村　浩

参考文献

東南アジアの博物館全体にかかわるもの

Kristin Kelly, The Extraordinary Museums of Southeast Asia, 2001, HARRY N. ABRAMS, INC., PUBLISHERS.

Mariyn Seow/Malcolm Tay, *MUSEUM of Southeast Asia*, 2004, ARCHPELAGO PRESS.

石井米雄、桜井由躬雄編『東南アジア史①大陸部』山川出版社、二〇〇四年。

タイにかかわるもの

44National Museums of Thailand, 2008, Fine Arts Department.

THEGRANDPALACE, 1988.

Guidebook Wat Pho, 2007.

スパットラディット著、ブィー文子・木村理子訳『エメラルド仏寺院の歴史』タイ国宮内庁、一九八七年。

WIRA AMPHANSOOK, *AYUTATHAYA*, 2006.

チャンシーウィット・カセートリ、吉川利治『アユタヤ』タイ国トヨタ財団・人文社会科学教科書振興財団、二〇〇七年。

ウィリアム・ヲーレンほか、ブーイ・文子訳『ジム・トンプソン、運河のほとりのタイ・ハウス』ARCHIPELAGO PRESS、一九九九年。

チラー・チョンコン『バンコク国立博物館』文部省芸術局考古学・博物館課、一九九九年。

Selected by The National Museum Volunteers Group, *Treasures from THENATIONALMUSEUMBANGKOK*, 1987.

120Memorabilia of Siriraj, 2009.

Keokhwan Vajarodays, *Bang Pa-In Palace*, 2005.

著者

中村　浩（なかむら　ひろし）
1947年大阪府生まれ。1969年立命館大学文学部史学科日本史学専攻卒業。大阪府教育委員会文化財保護課勤務を経て、大谷女子大学文学部専任講師、助教授、教授となり現在、名誉教授（校名変更で大阪大谷大学）。博士（文学）。この間、福井大学、奈良教育大学非常勤講師ほか、宗教法人龍泉寺代表役員（住職）。専攻は、日本考古学、博物館学、民族考古学（東アジア窯業史）、日本仏教史。
『河内飛鳥古寺再訪』、『須恵器』、『和泉陶邑窯の研究』、『古代窯業史の研究』、『古墳文化の風景』、『古墳時代須恵器の編年的研究』、『須恵器集成図録』、『古墳時代須恵器の生産と流通』、『新訂考古学で何がわかるか』、『博物館学で何がわかるか』、『和泉陶邑窯の歴史的研究』、『和泉陶邑窯出土須恵器の型式編年』、『泉北丘陵に広がる須恵器窯―陶邑遺跡群』などの考古学関係書のほか、2005年から「ぶらりあるき博物館」シリーズを執筆、刊行中。既刊は『ぶらりあるきパリの博物館』『ぶらりあるきウィーンの博物館』『ぶらりあるきロンドンの博物館』『ぶらりあるきミュンヘンの博物館』『ぶらりあるきオランダの博物館』『ぶらりあるきマレーシアの博物館』（いずれも芙蓉書房出版）。

ぶらりあるきバンコクの博物館

2012年10月12日　第１刷発行

著　者
中村《なかむら》　浩《ひろし》

発行所
㈱芙蓉書房出版
（代表 平澤公裕）
〒113-0033東京都文京区本郷3-3-13
TEL 03-3813-4466　FAX 03-3813-4615
http://www.fuyoshobo.co.jp

印刷・製本／モリモト印刷

ISBN978-4-8295-0562-5

ぶらりあるき オランダの博物館

中村　浩　Ａ５判　本体 2,200円

アムステルクリング博物館／聖書博物館／海事博物館／ゴッホ美術館／ビール博物館／猫の博物館／マダムタッソ蝋人形館／風車博物館／オルゴール博物館／チーズ博物館／ライデン大学植物園／監獄博物館　など106館

ぶらりあるき サンティアゴ巡礼の道

安田知子　Ａ５判　本体 1,900円

世界三大キリスト教聖地の一つであり、世界遺産にも登録されている町、スペイン、サンティアゴ・デ・コンポステーラ。40ヵ国以上を旅している著者が「何でも見てやろう」の意気込みで、この聖地への800キロの道を38日間で歩き通した記録。写真 100 点。

ぶらりあるき　幸福のブータン

ウイリアムス春美　四六判　本体 1,700円

GDP ではなく GNH(国民総幸福)で注目されているヒマラヤの小国ブータン。この国に魅せられ一年に二度訪れた女性が、美しい自然を守りながらゆっくりと近代化を進めているこの国の魅力と「豊かさ」を53枚の写真とともに伝える。

ぶらりあるき　天空のネパール

ウイリアムス春美　四六判　本体 1,800円

世界遺産カトマンドゥ盆地、ブッダ生誕地ルンビニ、ポカラの自然美、ヒマラヤトレッキング……　ネパールの自然とそこに住む人々の姿を100枚以上の写真と軽妙な文章で伝える「ひと味ちがうネパール紀行」

国民総幸福度(GNH)による新しい世界へ

ブータン王国ティンレイ首相講演録

ジグミ･ティンレイ著　日本GNH学会編　A5判　本体 800円

「GNHの先導役」を積極的に務めているティンレイ首相が日本で行った講演を収録。震災・原発事故後の新しい社会づくりに取り組む日本人の「指針書」となる内容と好評。

新時代の博物館学

全国大学博物館学講座協議会西日本部会編　A5判　本体 1,900円

新しいカリキュラムに対応した最新の博物館学テキスト。デジタル時代に入って大きく変わりつつある博物館・美術館・水族館・動物園の魅力、楽しみ方とは？